Wulfing von Rohr
Meditation

WULFING VON ROHR

Meditation

Die Kraft aus der Mitte – ein umfassender Übungsleitfaden

Goldmann Verlag

Originalausgabe

Umwelthinweis:
Alle bedruckten Materialien dieses Taschenbuches sind chlorfrei und umweltschonend.

Der Goldmann Verlag
ist ein Unternehmen der Verlagsgruppe Bertelsmann

Made in Germany · 2/93 · 2. Auflage

Umschlaggestaltung: Design Team München
Umschlagfoto: Michael Wolf
Satz: Uhl + Massopust, Aalen
Druck: Graphischer Großbetrieb Pößneck GmbH
Redaktion: Dr. Ingrid Holzhausen
Ba · Herstellung: Gisela Rudolph/sc
ISBN 3-442-12138-8

Inhaltsverzeichnis

II. Lebenskraft aus der Mitte

III. Positive Mystik

IV. Leben in Licht und Liebe

Zu allen im Text mit einem * bezeichneten Abschnitten gibt es Meditationsanleitungen mit Musik auf Tonkassetten.

Danksagung

Dank sei all den Menschen gesagt, die mir und so vielen anderen direkt oder indirekt geholfen haben, Meditation als unerschöpflichen Kraftquell des Lebens zu entdecken. Dazu gehören vor allem Sant Darshan Singh und Maharaji Rajinder Singh, die beiden Meister des inneren Lichts und Tons und leuchtende Beispiele der »positiven Mystik«, die mir so oft – außen und innen – helfen, die Feder zu führen; dann Anneliese Harf und Paul Bergauer, die unvergessenen feinfühligen und kompetenten Leiter des Münchner Yogazentrums; Yogananda, Vivekananda und Ramana Maharshi, die großen Meditationsmeister aus Indien; Franziskus von Assisi, Meister Eckehart und Angelus Silesius als herausragende Persönlichkeiten der christlichen Mystik, deren Texte auch moderne Menschen zu inspirieren vermögen; Enomiya Lassalle und Willi Massa, die jeder auf seine Weise lehr(t)en, Christentum und eigene Meditationserfahrung miteinander zu verbinden; Osho Rajneesh, der als »spiritueller Libertin« und anarchischer Tantriker erfrischend dafür sorgt(e), daß wir nicht dogmatisch verkommen oder einschlafen; Karin und Chris Griscom, die mir den »guten Geist« des Light Institute of Galisteo übermittelten; Divo Koeppen-Weber, die Begründerin der Alta Major-Methode, von der ich die Grundlagen einer aufrechten menschlichen Haltung lernte; Gayan S. Winter, die europäische Schamanin und Autorin von »Tarot der Liebe« und Herausgeberin von »Die neuen Priesterinnen«, die sich immer wieder mit offenem Herzen auf das Abenteuer Leben einläßt; Brenda Dash, die Frau, die als Schwarze und als Heilerin und als tiefreligiöser Mensch immer wieder vorlebt, was Nächstenliebe im Alltag von Menschen heißt, bei denen es um Leben oder Tod geht; Melitta und Hans-Joachim von Goertzke, durch die ich auf spirituellen Wegen, insbesondere dem Weg des Sant Mat, in fruchtbaren Diskussionen und schönen Meditationen weitergeführt wurde; Dank auch an meine Eltern und vor allem an »Hidda«, die für meinen Weg mehr getan hat, als sie vermutlich weiß, an meine Geschwister, vor allem die unvergessene Angélique, an Debra und Sharon, die mich jeweils ein Stück des Weges begleitet haben; Dank an viele Freunde, darunter Erich, Harald und June; und nicht zuletzt Dank an die Heilpraktikerin Ingrid S. Kraaz von Rohr, die durch ihr liebevolles, lichtes Wesen Menschen wie von selbst mit der natürlichen, heilenden Kraft der inneren Harmonien verbindet.

Einstimmung

»Whenever I traveled from earth
to the milky way,
I met love at every step and beauty
in every glance.«

»What does it matter if I am called a man?
In truth, I am the very soul of love;
The entire earth is my home,
And the universe my country.«

»Wann immer ich von der Erde
zur Milchstraße reiste,
begegnete mir Liebe bei jedem Schritt und Schönheit
in jedem Blick.«

»Was bedeutet es schon, wenn man mich einen Menschen
nennt?
In Wirklichkeit bin ich die wahre Seele der Liebe;
Die ganze Erde ist mein Heimatort,
Und das Universum mein Heimatland.«

Sant Darshan Singh, aus: »Eine Träne und ein Stern«

I. Grundlagen der Meditation

Ein Weg zur Mitte – Persönliche Erfahrungen und Erlebnisse

Durch Meditation erschließen wir unerschöpfliche Lebenskräfte, erleben wir die ewige Schönheit unserer Seele, erfahren die unermeßlichen Weiten der Schöpfung und verbinden uns mit dem allesdurchdringenden göttlichen Bewußtsein. Meditation ist einer der wichtigsten Schlüssel zu einem erfüllten Leben – im Alltag und auf einem Weg zur Selbstverwirklichung – und jeder Mensch »kann« meditieren!

Dieses Buch ist ein Handbuch, in dem Sie zahlreiche, von vielen Menschen lange erprobte konkrete Übungsvorschläge finden und dazu das theoretische Handwerkszeug, um diese Übungen besser zu verstehen und einzuordnen. Im Zusammenhang mit den Einzelthemen lesen Sie aber auch immer wieder über persönliche Erfahrungen und Begegnungen des Autors mit verschiedenen Menschen. Damit soll deutlich werden, daß dieses Buch aus meiner Praxis als Hilfe für Ihre persönliche Praxis geschrieben ist von jemandem, der Meditationsschüler und Meditationskursleiter, aber nicht Meditationsmeister ist. Ich möchte Ihr Partner sein und Ihr Freund werden – aber Sie selbst tragen die Schlüssel zu Ihrem eigenen Lebensglück in Ihren Händen und in Ihrem Herzen!

Meine bewußten Bemühungen um den Weg zur Mitte begann am 1. April 1975. Ich kann das Datum auf den Tag genau festlegen, weil ich mich an diesem Tag entschloß, vegetarisch zu essen. Um die Bedeutung dieser Entscheidung besser skizzieren zu können, muß ich weiter zurückgehen.

Ich hatte nie geraucht – wenn man die selbstgedrehten Buchenblattzigarren und die mit heimlich gekauftem Pfeifentabak unternommenen Rauchversuche als neun- und zehnjähriger Bursche nicht zählt. Unsere Eltern hatten uns allen, ich war als achtes von neun Kindern zur Erde gekommen, versprochen, 300 Mark zu zahlen, wenn wir bis zum 21. Lebensjahr nicht rauchen würden. Das war damals, in den fünfziger und sechziger Jahren, sehr viel Geld. Und da die Eltern nicht rauchten, bestand für uns Kinder auch keine Veranlassung dazu. Alkohol spielte ebenfalls keine große Rolle, weder bei uns in der Familie noch in meinem späteren Leben. Meine Eltern hatten dieses Leben zusammen mit zwei Geschwistern 1966 durch einen Autounfall verlassen. Ich studierte, erst Jura und Volkswirtschaft, wie es mein Vater wohl gewollt hätte, und wechselte dann zum Journalismus, zum Fernsehen über.

Bereits in der Zeit als freier Mitarbeiter, der auf Aufträge bekanntlich angewiesen ist, hatte ich Experimente gemacht, um herauszufinden, inwieweit ich von verschiedenen Faktoren im Leben abhängig wäre. So hatte ich ein Jahr lang kein Telefon – und die »Arbeitsbeschaffung« funktionierte trotzdem gut. Zu einer anderen Zeit besaß ich fast ein ganzes Jahr keinen Fernseher, obwohl ich für das Fernsehen arbeitete. Dabei bekam ich keineswegs das Gefühl, daß mir beruflich oder privat etwas fehlte. Selbstkritisch sei hinzugefügt: So weit, wie meine damalige Frau Debra aus den USA, die auch auf ein Auto gut verzichten konnte, hatte und habe ich es noch nicht gebracht.

Ende der sechziger Jahre studierte ich an der FU Berlin, hörte beim berühmten Professor Gollwitzer vergleichende Religionswissenschaft, las Buber und Bultmann, machte Bekanntschaft mit der Studentenbewegung und beteiligte mich an einigen Demonstrationen. Ein Erlebnis vor dem Rektorat der Universität »kurierte« mich. Ein auch heute noch bekannter Anführer beschimpfte damals die jungen Polizisten, die zum Schutz vor dem Rektorat standen, als »Bullen« und »Schweine«. Als ich diesen Anführer fragte, wie denn seine Beschimpfungen damit zu vereinbaren wären, daß doch sonst die Menschen als »Opfer eines Systems« dargestellt wurden, und also diese mit uns etwa gleichaltrigen Menschen »auf der anderen Seite« nun wirklich nicht unsere »Feinde« seien, wußte er nur dumme Ausflüchte zu antworten. Für mich wurde dies zu einem Schlüsselerlebnis dafür, echte Motive und Ego-Motive bei Menschen, die andere Menschen führen wollen, unterscheiden zu lernen.

Anfang der siebziger Jahre drehte ich einen ersten kurzen Film, der »Ene, mene, muh ...« hieß, in dem, nur von Barockmusik untermalt, Kühe im bayerischen Oberland auf der Wiese liegend gezeigt wurden, die sich ihres Lebens erfreuten (damals war die Tierhaltung im Freien noch üblicher als heutzutage). Anschließend zeigte der Film Eisenbahnwaggons, danach die Augen der Kühe, wenn sie, vom Bolzenschußgerät an der Stirn getroffen, im Schlachthof zusammensackten.

Im Frühjahr 1975 spürte ich, daß ich etwas unternehmen sollte, um mein Leben zu verändern, um meinen Horizont zu erweitern. Irgendwie gärte etwas in mir, ohne daß ich das nun exakt hätte beschreiben können. Debra ging zum Yoga-Unterricht und empfahl mir das Buch »Autobiographie eines Yogi« von Yogananda; ich wollte damals aber noch nichts davon hören. Anders als den meisten Menschen, denen ich seither persönlich im Gespräch begegnet bin, war bei mir keine Krise, keine Krankheit, keine Partnertrennung und auch keine finanzielle Misere der Auslöser für die noch unbewußte Suche nach Veränderung, sondern lediglich ein unbestimmtes Gefühl, daß mir etwas im Leben fehlte. Nur das Bemühen um einen interessanten Beruf und womöglich öffentliche Beachtung im Fernsehen, eine lebendige Partnerschaft, einen ausreichenden Lebensunterhalt, möglichst gute Gesundheit und vielleicht Reisen in spannende Länder schienen auf die Dauer kein genügend tragfähiges Fundament für Lebensfreude oder gar Lebenssinn. Ich fing also am 1. April 1975 an, vegetarisch zu essen, um Abhängigkeiten an mir zu überprüfen, nicht etwa aus hehren moralischen oder religiösen Motiven.

Die ersten Resultate waren verblüffend. Ich fühlte mich wesentlich frischer und gesünder, wacher und sogar arbeitsfähiger. (Sie merken schon, daß Arbeit für mich auch ein Lebenselixier ist.) Bald überstürzten sich die Ereignisse. Ich las Yoganandas Buch doch, schrieb mich zu Konzentrations- und Meditationskursen ein, las weitere Bücher über östliche und westliche Religionen, über verschiedene Weltanschauungen und wurde zum ersten Mal mit dem Konzept des ewigen bewußten Lebens der Seele oder des Selbst bekannt gemacht. »Der Prophet« von Khalil Gibran und »Der kleine Prinz« von Antoine de Saint-Exupéry wurden zu wichtigen Inspirationen, und auch viele andere Bücher. Vor allem die kurze Präambel im Buch »Raja Yoga« von Vivekananda öffnete mir gleichsam Augen, Ohren, Herz und Seele. Sie lautet:

»Jede Seele ist ihrem Wesen und Vermögen nach göttlich. Das Ziel (des Lebens) ist die Offenbarung dieses innewohnenden Göttlichen durch Beherrschung der äußeren und inneren Natur. Erreiche dies entweder durch Arbeit oder durch Andacht oder durch Kontrolle der seelischen Vorgänge oder durch Philosophie, durch eines oder einige oder alle – und sei frei. Das ist das Ganze der Religion. Lehrsätze oder Dogmen oder Riten oder Bücher oder Tempel oder Bräuche sind nur nebensächliches Beiwerk.«

In den Kursen bei Anneliese Harf und Paul Bergauer erlebten praktisch alle Teilnehmer und Teilnehmerinnen völlig neue Dimensionen des Lebens. Wir erfuhren etwas von unsichtbaren und dennoch wirksamen Kräften und begannen, sie zu erspüren. Wir hatten erste Lichterlebnisse und bemerkten, daß das Leben so viel mehr sein kann als nur Essen, Trinken, Erotik, Geldverdienen und Ansehen. Wir begannen, Ganzheitlichkeit als Lebensform für den Alltag zu erleben, nicht nur für wenige harmonische Stunden quasi in der Quarantäne eines behüteten Kurses. Meditation als Ausrichtung auf unser inneres Wesen und auf unsichtbare Lebenskräfte wurde verknüpft mit gesunder Ernährung, effizienter Arbeit und so fort. Wir wurden gewahr, daß so viele Kräfte unsichtbar und dennoch wirklich sind. Elektrizität, Wind, aber auch Liebe sind nur drei Beispiele dafür.

Ich spürte, daß ich bestimmte Aufgaben zu erfüllen hatte, um dieser neuen Ganzheitlichkeit Ausdruck zu verleihen. So brachte ich 1978 das erste Buch von Dr. Edward Bach auf deutsch heraus. Es hieß »Heile dich selbst« und erscheint jetzt als Teil des Buchs »Blüten, die durch die Seele heilen«. Ich gab Dane Rudhyars »Astrologie der Persönlichkeit« heraus und verlegte sein Buch »Von der humanistischen zur transpersonalen Astrologie«. Währenddessen schritt die Arbeit an mir selbst im Rahmen der Beschäftigung mit dem Yoga und durch die Mitarbeit beim Berufsverband Deutscher Yogalehrer und der Gestaltung eines Curriculums zur Ausbildung von Yogalehrern voran. Auch hier spielte die angestrebte Ganzheitlichkeit von Körper, Gemüt, Geist und Seele die wesentliche Rolle, weil wir erkannt hatten, daß Yoga, zumindest im Westen, nur dann Sinn hat, wenn wir unsere Lebensbedingungen, unsere Kultur und unseren geistigen Hintergrund mit berücksichtigen würden. Es folgten dann die Begegnungen mit Karin und Chris Griscom. Über Chris hatte ich bei Shirley MacLaine gelesen. Das liebe Angebot einer Freundin, umsonst erster Klasse nach Osten zu fliegen, schlug ich aus, um als erster ausländischer Klient im Light Institute of Galisteo im Westen, in Neu-Mexiko, Sitzungen zu erleben. Sie veränderten mein Leben in vielfältiger Weise – im Vorwort zum Buch »Zeit ist eine Illusion« habe ich über diese Sitzungen, ihre Vorteile und ihre spirituellen Grenzen, ausführlicher berichtet. Für und mit Chris schrieb ich neben »Zeit ist eine Illusion« das Buch »Die Heilung der Gefühle« und half, ihre Vorträge und Seminare zu organisieren. Private karmische Gründe hatten mich meine Festanstellung beim ZDF kündigen lassen – zur Verwunderung vieler Kollegen, die fanden, daß ich leichtfertig meine, nach weiteren sieben Jahren zustehenden Pensionskassenansprüche fallen ließ. Ende 1986 zog ich nach Santa Fe.

Es entstanden eine Vielzahl von Buch- und Filmprojekten,

die sich alle in irgendeiner Weise mit der Ganzheitlichkeit des menschlichen Lebens beschäftigten. Die Liste wäre zu lang, um sie hier aufzuführen. Gemeinsamer Nenner war aber immer eines: Die innere Wahrheit wurde wichtiger als die Anerkennung bei Kollegen und Bekannten, wichtiger auch als finanzieller Profit oder als die Anpassung an vorherrschende Meinungen.

Was hat all das mit Meditation zu tun? Was mit neuer Kraft aus der Mitte? Ohne die Erfahrungen und Einsichten aus der Meditation, ohne das immer weiter sich gleichzeitig festigende und auflösende Selbstbild, vor allem aber ohne das immer tiefgründigere Selbstvertrauen, das aus der Meditation erwuchs und weiterhin wächst, wäre dieser Weg nicht möglich gewesen. Ich stand in meinem Leben, wie Sie vermutlich auch, viele Male ganz bewußt vor der Entscheidung über Prioritäten: Sollte ich nach Indien fahren, um einen Meditationsmeister aufzusuchen und damit meine Arbeit als freier Mitarbeiter gefährden oder nicht? Sollte ich dem Wunsch nach einer vertieften Beziehung den Vorrang vor Pensionssicherheiten geben oder nicht? Sollte ich nach einer ersten geschiedenen Ehe frei genug sein, eine zweite einzugehen oder nicht? Sollte ich mich eher um finanzielle, emotionale, gesundheitliche, soziale und kulturelle Sicherheiten kümmern, oder der Suche nach dem Wesentlichen hinter den vielfältigen Erscheinungsformen den Vorzug geben? Sollte ich, nachdem ich mich jahrelang mit einem nicht kompetenten Guru verbunden hatte (wodurch ich dennoch viel gelernt hatte!), meinen Irrtum vor mir selbst und anderen »bekennen«, oder aus Bequemlichkeit oder Angst vor den Urteilen meiner Umwelt mich vor der Entscheidung drücken, Irrtümer einzugestehen? Sollte ich den Mut aufbringen, ohne Netz und doppelten Boden ins Leben hinein zu springen, auch wenn ich keinerlei geistigen Halt mehr von außen, von einer »Autorität«, sehen oder spüren konnte? Und bedeuteten Irrtümer, daß ich aus Angst, wiederum Irrtümern anheim zu fallen, nun meine aktiven Bemühungen um die Mitte aufgeben sollte?

Ich meine, daß mehr »Mut« dazu gehört, in Irrtümern oder im Entwicklungsstillstand zu verharren, als zu riskieren, ins Leben hineinzuspringen. Die Tarotkarte »Die Narren« aus dem »Tarot der Liebe« bietet ein gutes Beispiel für die zuvor beschriebene Haltung: Offenen Herzens und leichten Fußes balancieren die beiden Narren – eine Frau und ein Mann – auf dem Hochseil über dem Tal der menschlichen Herzen, das das Tal des Lebens darstellt. Paul Bergauer pflegte zu kalauern: Es gibt drei Mus – Apfelmus, Pflaumenmus und Entwicklungs-Mus.

Für mich bedeutet Meditation die einzigartige Chance zu erkennen, daß wir bewußte geistige Wesen sind, die in und durch, aber auch außerhalb und jenseits unserer Körper leben, werken und wirken. Meditation gibt mir die Kraft, mich immer wieder neu dem Leben zu öffnen, auch wenn das bedeutet, Altgewohntes oder Liebgewordenes aufzugeben. Wir bekommen vom Leben immer sehr viel mehr neu geschenkt, als wir zuvor losgelassen haben. Meditation ist wie der belebende Atem im sich ständig verändernden Körper oder wie die Sonne im Wechsel der Jahreszeiten. Der Körper wächst, blüht, gedeiht und vergeht. Die Erde lebt, grünt auf, erstrahlt im gelben Sommerkleid, wechselt in gold-rotbraune Herbstfarben und besinnt sich neu im weißen Schnee. Der Atem und die Sonne begleiten uns jeweils in diesen Prozessen des Werdens und Wachsens. Meditation hat für unsere Bewußtseinsentwicklung dieselbe Funktion wie der Atem sie für den Körper und die Sonne sie für die Erde besitzt.

Meditation ist das Luftholen, ist das Atmen der Seele! Durch Meditation vermögen wir, die Begrenzungen von Ego und Schicksal, von Raum und Zeit zu überschreiten. Durch Meditation erfahren wir Wesentliches vom Sinn des Lebens und werden von Lebensfreude erfüllt.

Deshalb wünsche ich auch Ihnen von ganzem Herzen viel Freude mit Meditation, wie ich sie erfahren durfte und darf. Meditation, das ist eine Freude, die uns immer bleibt, egal, welches äußere Kleid wir gerade tragen mögen und egal, in welchen äußeren Lebensumständen wir uns gerade befinden. Denn Meditation verbindet uns mit dem Kosmos, mit Gott – vor allem aber mit uns *selbst*.

Was ist Meditation?

Ich möchte Ihnen einige Begriffserklärungen anbieten – ich weiß, daß es auch andere Definitionen gibt. Die folgenden Unterscheidungen haben sich nach meiner Erfahrung gut bewährt.

Zunächst einmal Stichworte dazu, was Meditation nicht ist und womit Meditation häufig noch verwechselt wird.

Vision

Innere Schau, Gesichte, innere Bilderfolgen wie im Traum, die sich spontan ergeben können (z. B. Marienvisionen in Fatima und Medjugorje) oder gezielt angestrebt werden (z. B. mit Hilfe von halluzinogenen Drogen, wie Peyote-Pilzen oder Rauschgiften). Als Halluzinationen werden Sinnestäuschungen bezeichnet, die Trugbilder vorspiegeln. Echte Visionen sind keine Trugbilder, sondern kurzfristige Schau höherer, geistiger Dimensionen und Wahrheiten. Visionen können sowohl einen subjektiven wie einen objektiven Wahrheitsgehalt bergen, der sich allerdings nicht immer allen Schauenden gleichermaßen offenbart. Visionen sind im Regelfall nicht steuerbar!

Visualisierung

Gestaltung und Ausmalung innerer Bilder. In der Visualisierung bedient man sich äußerer Bilder (z. B. Kerze, Baum, Sonne usf.) oder Farben, um sie im Inneren zu sehen oder zu spüren. Visualisierung hilft, die Fähigkeit zur Innenschau anzuregen. In vielen Übungsvorschlägen werden Sie Elemente aus dieser Technik erkennen. Projektionen gehören ebenfalls in diesen Zusammenhang, wobei Vor-Stellungen als wirklich bzw. bald eintreffend angesehen werden. Ich empfehle die Bücher von Shakti Gawain zu diesem Thema.

Positives Denken
Gedankliche und/oder gefühlhafte Einstellung auf positive, harmonische, kreative Kräfte. Häufig werden »Affirmationen«, also bekräftigende kurze Aussagen benutzt, um auch das Unterbewußte auf positives Denken zu »programmieren«. Das positive Denken hilft am Anfang eines Entwicklungsweges Selbstbewußtsein zu stärken. Erhard Freitags »Kraftzentrale Unterbewußtsein« ist eine gute Einführung.

(Auto-)Suggestion
Der lateinische Wortstamm weist auf »etwas von unten herbei Getragenes« hin. Mit Suggestion sind in unserem Themenzusammenhang jene Aussagen gemeint, mit denen etwas »herbeigeredet« wird, z. B. »Ich fühle mich wohl«, »Ich fühle mich ganz leicht«. In der Hypnose benutzt man Suggestion, um einen tranceähnlich geöffneten Zustand zu erreichen. In der Auto-Suggestion verwendet man Affirmationen, um das eigene Verhalten bzw. das Bewußtsein neu zu steuern.

Hypnose
Ausschaltung des Wach- oder Tagbewußtseins durch Suggestion von einem anderen Menschen. Früher wurden hypnotische Bewußtseinszustände gern als Halbschlaf bezeichnet. Hypnose bewährt sich immer wieder zum Beispiel zur »De-Programmierung« von Gewohnheitsrauchern oder -trinkern und in manchen anderen Gesundheitstherapien. Bewußtseinspioniere, wie etwa Thorwald Dethlefsen, welche Hyp-

nose als Zugang zu früheren Leben und anderen Bewußtseinsdimensionen benutzten, sind inzwischen wieder davon abgekommen. Hypnose birgt immer ein Element der Außensteuerung und damit der vielleicht nicht immer völlig selbstbestimmten, freiwilligen »Manipulation«. Deshalb sollten sich sowohl der aktive als auch der passive Partner der gebotenen Verantwortung und notwendigen ethischen Charakterstärke bewußt sein.

Astralreisen

Geführte Phantasiereisen (guided fantasies) oder ein regelrechter »Ausstieg« aus dem Körperbewußtsein, im Traum oder durch mediale Fähigkeiten. Astralreisen im Sinne geführter Phantasien werden z. B. mit Hilfe von schamanistischen Ritualen, Visualisationen und Suggestionen durchgeführt. Sie können dazu dienen, einen Begriff von der Unendlichkeit innerer Dimensionen und den ungeahnten Schätzen unseres eigenen Bewußtseins zu gewinnen. Sie helfen auch dabei, manche Ursachen von Problemen und Blockaden zu erkennen und öffnen den Zugang zu bestimmten Energien (z. B. dem »Tier der Kraft«, dem »Ort der Kraft«). Gayan S. Winter gehört zu den erfahrensten und medialsten neuen Priesterinnen dieses Wegs (siehe auch Anhang). Astralreisen im Sinne eines Ausstiegs aus dem Körper – »out-of-body-experiences« – können sich spontan ergeben, z. B. nach schweren Unfällen oder Krankheiten, aufgrund von medialen und magischen Praktiken, sowie – uns allen wohlvertraut – im Traum. Ich gehe auf die inneren Ebenen und die spontanen, magisch-medialen und meditativen Zugänge dazu später ein, in den Abschnitten »Das sechste Chakra« und »Wunderwelten der Seele«.

Subliminalbeeinflussung

Zur Zeit überschwemmt eine wahre Angebotswelle von Tonbandkassetten den Markt, die angeblich oder tatsächlich mit »subliminalen« suggestiven Botschaften versehen sind. Kaum oder vollständig unhörbare Aussagen sollen die Hörer und Hörerinnen neu und positiv programmieren, auf mehr Erfolg im Beruf, mehr Freude am Leben, bessere Gesundheit, vertiefte Liebeserfahrungen u. ä.. Auf Menschen mit klaren geistigen Perspektiven und/oder gut entwickeltem Bewußtsein haben solche Kassetten nach meinen Erfahrungen keine Wirkung. Ich halte den Gebrauch solcher wörtlich »unterschwelligen«, d. h. unter der Schwelle der bewußten Wahrnehmbarkeit liegenden Botschaften von labilen Menschen für fragwürdig und von anderen für überflüssig. Ich halte übrigens auch die technischen Hilfsmittel, um vorgeblich Meditationserfahrungen zu erlangen, ohne zu meditieren, für überflüssig bis schädlich.

Rückführungen

Das sind geführte Bewußtseinsreisen in andere Dimensionen, zumeist in »frühere Leben«. Ob es sich dabei um authentische frühere Leben oder um hypothetische handelt, ist ziemlich gleichgültig. Fast immer tauchen Lebensthemen bei solchen Rückführungen auf, die unsere gegenwärtige Situation widerspiegeln und uns Lösungsmöglichkeiten aufzeigen. Meine ersten Erfahrungen mit Rückführungen hatte ich mit der nicht-hypnotischen Methode nach Brian Jameison, die im deutschsprachigen Raum von Jan-Erik Sigdell vermittelt wird, und in einem Dutzend Sitzungen mit Karin und Chris Griscom am Light Institute in Galisteo (siehe dazu auch »Zeit ist eine Illusion« und »Die Heilung der Gefühle«). Chris Griscom verbindet bzw. verband Elemente verschiedener Rückführungsmethoden. Drei ihrer Lehrer habe ich persönlich kennengelernt; Lea Sanders, die Aura- und Chakra-»Leserin« und Autorin (»Die Farben deiner Aura«) beeindruckte mich besonders. Mir persönlich haben Rückführungen sehr geholfen, bestimmte psychologische Probleme zu klären. Auf der Ebene von Gemüt, Emotionalkörper und Gedankenkraft sind sie als ein Weg unter mehreren sinnvoll. Eine wahrhaft spirituelle = geistig-geistliche Ebene vermögen sie im Regelfall allerdings nicht zu erschließen, soweit meine Erfahrungen reichen.

Magie

Die Handhabung übersinnlicher Kräfte, um bestimmte Ziele zu erreichen bzw. Erfahrungen zu machen. Man unterscheidet zwischen »weißer« und »schwarzer« Magie. Nach einem Wort der früh verstorbenen Yogalehrerin Anneliese Harf ist die eigene Motivation immer der beste Schutz – in der Magie, in der Meditation, auf anderen Bewußtseinswegen. Grundsätzlich ist jeder Form von Magie gemeinsam, daß man mit Kräften umgehen, sie beherrschen und anwenden will. Ich bleibe in Distanz zu Magie, weil ich meine, daß wir erst einmal lernen müßten, mit unseren sinnlichen Kräften sinnvoll umzugehen, also daß wir Krieg, Hunger, Unterdrükkung, Haß, Neid beherrschen lernen müssen, bevor wir mit übersinnlichen Kräften zu hantieren versuchen.

Gebet

Stilles oder hörbares Bitten um etwas. Dabei steht ein Wunsch des Menschen im Mittelpunkt und dessen Erfüllung, nicht, wie bei der Meditation, eine Öffnung für eben nicht vorformulierte oder vorgestellte Erfahrungen.

Kontemplation

Versenkung, Verinnerlichung. Dieser Begriff kann durchaus als Synonym für Meditation verstanden werden, vor allem, wenn er sich auf die Versenkungsrituale mittelalterlicher Mystiker und Mystikerinnen, Mönche und Nonnen bezieht.

Konzentration

Bewußte körperliche, gedankliche und/oder gefühlhafte Ausrichtung und Sammlung auf bzw. in einem Gegenstand, einem Gefühl, einem Bild, einer Absicht, einem Ziel. Einpunktige Konzentration ist eine solche Ausrichtung und Sammlung ausschließlich auf einen Gegenstand. Nach der altindischen Yogaphilosophie führen wiederholte Konzentrationsübungen zur einpunktigen Konzentration; wenn diese zweieinhalb Minuten aufrecht erhalten wird, folgt Meditation; wird diese zweieinhalb Stunden aufrecht erhalten, so ist »Samadhi«, »Erleuchtung«, die Folge. Konzentration ist eine innere Sammlung, die für uns heutzutage um so notwendiger ist, als wir ständig Kräften ausgesetzt sind, die unser Bewußtsein ablenken, zerstreuen, nach außen ziehen. In der Konzentration geht es um die Sammlung von irdischen Kräften – Konzentrationsfähigkeit ist eine Voraussetzung für Meditation!

Wir werden, absichtlich und unwillkürlich, immer wieder, auch in diesem Handbuch, Elemente und Übungsformen aus den oben kurz angesprochenen Bereichen in unsere Meditationserfahrungen einfließen sehen. Das ist auch ganz in Ordnung – es geht uns ja nicht um eine dogmatisch postulierte Reinheit bestimmter Meditationsphilosophen, sondern um ein erfülltes Leben, um einen natürlichen Lebensfluß, um ein menschliches Maß der Mitte in der Erfahrung und Auseinandersetzung mit Bewußtsein. Bewußtsein ist bewußtes Sein, das wir zuerst als kurz aufblitzende Funken oder lichte Tropfen erleben mögen, dann als den Strahl oder Fluß, der unser Leben erhellt oder trägt und schließlich als die allumfassende Lebensrealität, die alles durchdringt und alles umfaßt und alles ist: das Mysterium, das wir Leben nennen.

All das ist Meditation also nicht, obwohl Visionen, Visualisation und Konzentration Meditation sehr wohl fördern können. In den später folgenden Meditationsanleitungen finden Sie immer wieder Elemente aus Konzentrationsübungen, die uns die Meditation erleichtern. Was ist nun aber Meditation?

Meditation

Meditation ist inneres, unmittelbares, ganzheitliches und bewußtes Erfahren von geistigen Kräften, von Sinn, von Bewußtsein selbst! Meditation bedeutet fortgesetzte konzentrierte Sammlung unserer Aufmerksamkeit und gleichzeitig sensible Offenheit für das, was sich unserer konzentrierten Aufmerksamkeit als Schau, Erfahrung oder Erleben bietet. Meditation erfordert sowohl Disziplin wie Entspannung, zielgerichtete aufmerksame Zuwendung und gleichzeitig innere wie äußere Gelassenheit. Meditation ist die bewußte Einübung in das Paradox Leben – und damit ist Meditation in sich selbst auch paradox. Meditation führt zur Quelle des Lebens, in der sich das Paradox sinnvoll auflöst und aus der eine unerschöpfliche, alles belebende Kraft strömt, die uns für viele verschiedene Zwecke zur Verfügung steht.

Meditation fördert unsere Gesundheit und vermag Krankheiten zu heilen. Sie läßt uns sensibler und kreativer werden, und öffnet den Zugang zu einem unvorstellbaren Bewußtseinspotential. Wir können Meditation sowohl zur Entspannung und Auflösung von Energieblockaden nutzen als auch zur Anregung und Stimulierung für Erfolg im Leben. Schließlich stellt Meditation den Weg und die Brücke in die unermeßlichen Weiten der Ewigkeit dar – dorthin, wo wir uns selbst und die ganze Schöpfung als Teil einer alles durchschwingenden Lebenskraft empfinden und sich personale Begrenzungen auflösen.

Dies ist nur ein kurzer Überblick darüber, was Meditation ist und »leisten« kann. Als Anfänger und Anfängerinnen fragen Sie sich sicher, »Und wie meditiert man nun?«. Meine Meditationsvorschläge können Sie in den folgenden Kapiteln nachlesen, die jeweils einem Themenkreis gewidmet sind. Aber lassen Sie mich versuchen, eine Kurzbeschreibung, wie man meditiert, schon hier zu geben.

In der Meditation kann man einige typische Stufen erfahren:

- Wir sammeln uns äußerlich und innerlich, und lassen ablenkende oder störende körperliche, emotionale und gedankliche Kräfte zur Ruhe kommen.
- Wir lenken unsere Aufmerksamkeit auf den Gegenstand der Meditation (Ausnahmen sind rein sprirituelle, gegenstandslose Meditationsformen) und stimmen uns mit unserem ganzen Wesen darauf ein.
- Wir lassen uns so gesammelt und gleichzeitig gelöst auf diesen Gegenstand ein, daß unser Bewußtsein schließlich nur noch damit beschäftigt ist und nur noch darin Ausdruck findet. Der meditierende Mensch, der Vorgang der Meditation und der Meditationsgegenstand werden dann eins.
- In den Zeiten solcher Meditationen werden wir innerlich reich beschenkt; wir fühlen uns erfüllt von Licht, Liebe, Sinn. Nach solchen Meditationen spüren wir neue Lebenskräfte, um unsere Aufgaben in Alltag, Familie, Beruf mit mehr liebevollem Verständnis und mehr Energie zu erfüllen. Und wir empfinden, daß wir innerlich und äußerlich leichter, beschwingter, einfallsreicher, erfolgssicherer, ge-

lassener und selbstbewußter sind. Wir spüren einfach sehr viel mehr Lebensfreude. »Gute« bzw. »geglückte« Meditationen sind solche, während derer und nach denen wir uns wach, frisch, gesund, leicht und glücklich fühlen.

- Wenn wir als Meditationsgegenstand aber unsere Seele, unser Selbst, die schöpferische Urkraft in allem, Gott – nennen Sie es, wie Sie mögen – wählen, und uns darauf so vollständig als uns derzeit möglich einzulassen vermögen, dann erhalten wir immer tiefere Einblicke in Sinnzusammenhänge unseres und des ganzen Lebens.
- Mit der Zeit wird unser Leben auch ohne Meditationsübungen zum Ausdruck dieser Urkraft – bewußt oder unbewußt! Dann bringen wir diese Kraft offen-ungeteilt so zum Ausdruck, wie es unsere Hüllen aus Körper und Persönlichkeit und die dreidimensionale irdische Realität in der jeweiligen Zeit gestatten. Damit ist sogar unser Leben zu einer einzigen Meditation geworden.

Unser Alltag: Äußere Vorbereitungen für die Meditation

Wenn wir Klavier spielen wollen, müssen wir uns ans Klavier setzen. Über Komponisten und Musiker zu lesen oder ihren Musikaufnahmen hingebungsvoll zu lauschen, reicht leider allein nicht aus. Wenn wir eine fremde Sprache verstehen und sprechen möchten, müssen wir sie erst lernen. Wir müssen üben und immer wieder üben. Selbstverständliche Bemerkungen. Wir Menschen sind in vielem »Gewohnheitstiere«.

So müssen wir uns zumindest einige Zeit auch an Meditationsübungen erst gewöhnen, bevor diese uns wie selbstverständlich werden können.

Einige äußere Hilfen haben sich als sehr wirksam erwiesen, vor allem für uns Anfänger oder etwas Fortgeschrittene, die wir noch nicht Meister oder Meisterinnen sind:

Feste Tageszeit

Am Anfang eines Meditationsweges ist eine feste Tageszeit die wichtigste Hilfe, um schnelle Fortschritte zu machen! Richten Sie Ihren Tagesablauf so ein, daß eine feste Tageszeit für die Meditation reserviert bleibt. Am besten, um bewußt von der Meditation zu profitieren, sind jene Tageszeiten, in denen Sie am wachsten sind. Ich empfehle morgens, vor den Tagesaktivitäten und abends, als Tagesabschluß. Ich persönlich schätze auch Nachmittagsmeditationen sehr. In den klassischen Meditationstraditionen des Ostens heißt es, daß die sehr frühen Morgenstunden, etwa zwischen drei und fünf Uhr früh, aus einer Reihe von Gründen am geeignetsten sind. Andererseits ist jede in Meditation verbrachte Zeit, zu welcher Tageszeit auch immer, wertvoll. Sie selbst müssen also Ihre am besten geeignete Meditationszeit herausfinden.

Wenn Sie sich anfangs nicht entscheiden können, so meditieren Sie am besten morgens nach dem Aufstehen und abends vor dem Zubettgehen.

Meditationsdauer

Lieber kürzer, wach und mit Freude, als länger, halb schläfrig und mißmutig! Sie werden mit der Zeit ein immer feineres Gespür für Ihre innere Stimme, Ihre eigene Weisheit entwikkeln, und dann auch »wissen«, wie lange Sie meditieren möchten. Für Meditationen zur Entspannung und Harmonisierung, zur Problemlösung und Verbesserung der Kreativität reichen oft fünf bis zehn Minuten aus. Geführte Meditationen in andere Bewußtseinsdimensionen oder spirituelle Meditationen bedürfen etwa fünfzehn bis zwanzig Minuten und dauern mitunter mehrere Stunden. Sie finden in den Texten zu den angesprochenen Themen auch individuelle Empfehlungen zur Dauer. Übrigens: Sogar nur jeweils eine Minute meditative Stille, immer mal wieder während des Tages, wird einen großen Nutzen entfalten!

Meditationsplatz

Es wäre ideal, wenn Sie in Ihrer Wohnung oder Ihrem Haus einen freundlichen, harmonischen und durchaus auch gemütlichen Platz finden bzw. wählen könnten, an dem Sie meditieren. Die meisten Übungen erfolgen im Sitzen, einige im Stehen, wenige in der freien Bewegung. Wenn Sie im Liegen meditieren, können Sie sich ja immer auf Ihr Bett legen. Ein bequemer Stuhl oder Sessel, ruhig auch mit Armlehnen, der aber nicht zum Einschlafen verführen soll, wäre günstig. Wenn man für die Meditation einen ganzen Raum freihalten kann, ist das gut – ein Platz innerhalb eines Zimmers reicht aber auch. Ein fester Platz ist deshalb so nützlich, weil dieser nach und nach von den Schwingungen Ihrer Meditationen

»durchtränkt« wird und beginnt, von sich aus auszustrahlen. Das ist besonders angenehm, wenn man sich einmal nicht so wohl fühlt und von den bereits vorhandenen harmonischen Schwingungen sozusagen getragen wird.

Ruhe

Sorgen Sie dafür, daß Radio und Fernseher ausgeschaltet sind, das Telefon ab- oder auf leise gestellt ist. Vereinbaren Sie mit Ihrer Familie, mit Partnern, Kindern oder Freunden, daß Sie sich eine bestimmte Zeit in sich sammeln und daher nicht gestört bzw. angesprochen werden möchten. Es ist keineswegs »asozial«, einige Zeit am Tage ganz für die innere Sammlung zu nutzen – um so mehr nicht, als wir ja der Umwelt nur dann etwas geben können, wenn wir etwas haben. Und dieses »haben« erwächst von innen, aus einem erfüllten und bewußten Sein, das gehegt und gepflegt werden muß.

Meditationshaltung

Ich gehe im Verlauf der einzelnen Anleitungen darauf speziell ein. An dieser Stelle sei aber schon generell gesagt: Sitzen Sie so, wie es Ihnen bequem ist! Es geht uns bei der Meditation nicht um die Vervollkommung bestimmter Yogahaltungen, wie des Lotossitzes o. ä., sondern um eine Körperhaltung, die es uns erlaubt, wach zu sein und zu bleiben, ohne daß wir uns körperlich anstrengen müssen, und damit in unserer Aufmerksamkeit zumindest teilweise im Körper verhaftet blieben und uns nicht umfassend auf unsere Meditation ausrichten könnten. Ich finde, daß Sitzen am günstigsten ist, weiß aber, daß manche Menschen im Liegen noch leichter meditieren können. Noch ein Hinweis zum Liegen: Für die Meditation liege ich auf dem Rücken, mit ausgestreckten Beinen, und die Arme entweder entlang des Körpers, oder habe die Hände leicht auf meiner Brustmitte verschränkt. Nach meiner Erfahrung sind wir in Rückenlage nach »oben« offener als in Bauchlage. Allerdings bringt diese größere Öffnung für sensible Menschen eventuell auch eine starke Belastung durch einströmende Energien mit sich. Sitzen ist also als Regelfall allemal am besten. Lockern Sie auch zu enge Kleidung, vielleicht mögen Sie Kontaktlinsen herausnehmen oder die Brille absetzen.

Übungen nach diesem Buch

Lesen Sie die jeweilige Übung zuvor langsam und gründlich durch, um sie sich gut einzuprägen, wenn Sie alleine üben. Oder Sie bitten einen Partner, Ihnen die Übung vorzulesen. Zu manchen Übungen gibt es auch gesprochene Anleitungen mit Musikunterstützung auf Kassette.

Unser Gemüt: Innere Vorbereitungen für die Meditation

Genauso wichtig wie die äußeren sind die inneren Vorbereitungen. Vielleicht sind sie sogar noch wichtiger. Die äußere harmonische Ordnung, unsere Körperhaltung und das bewußte Abschalten vom Alltag für einige Zeit läßt sich noch relativ leicht bewerkstelligen. Wie aber die innere Unruhe, durcheinanderpurzelnde Gedanken, das Wechselbad der Gefühle und das Heer unklarer Empfindungen in Ordnung bringen?

Nach meiner Erfahrung sind folgende Hilfen am wirksamsten:

Atmung

Atmen Sie zu Beginn Ihrer Meditationen bewußt und deutlich hörbar einige Male ruhig tief aus und tief ein. »Schnaufen« Sie aus! Mit dem Ausatmen lassen Sie alles Belastende und Störende los und geben es an die Luft und den Kosmos ab, der es aufnimmt und transformiert. Mit der Luft beim Einatmen nehmen Sie geordnete, klare, harmonische Kräfte auf. Das dürfen Sie sich anfangs gern auch nur »vorstellen« – die eigene Erfahrung bleibt nicht lange aus. Sogar bereits die Vorstellung dieses Austausches alter, belastender Energien gegen neue, frische Kräfte, während Sie aus- und einatmen, wird Sie beleben und ordnen. Es klingt fast zu einfach, nicht wahr? »Alle großen Dinge sind einfach«, lautet eine bekannte Weisheit. So ist es auch hier. Während der Meditationen kümmern Sie sich dann im Regelfall nicht mehr weiter um Ihre Atmung, sondern lassen sie einfach im natürlichen Rhythmus ein- und ausströmen. Die Ausnahme sind natürlich spezielle Atemmeditationen.

Ich garantiere Ihnen: Wenn Sie fünf Mal am Tag jeweils fünf Mal ruhig und tief aus- und einatmen, mit dem Ausatmen bewußt Belastendes loslassen und abgeben, und mit dem

Einatmen Harmonie vom Leben, aus dem Kosmos, aus ihrem Selbst oder von Gott aufnehmen, werden Sie sich binnen acht Tagen völlig verwandelt fühlen. Sie werden gelassener und kraftvoller, selbstbewußter und kreativer, intelligenter (ja, das ist ernst gemeint!) und glücklicher sein. Sie werden mehr in sich selbst ruhen, Sie werden mehr Sie selbst sein!

Um ein Mißverständnis gar nicht erst aufkommen zu lassen: Außer, wenn es sich um spezielle Atemlenkungstechniken zur Heilung von Krankheiten oder zur (fragwürdigen) Erlangung von medialen oder magischen Kräften geht, ist der natürliche Atem die für unser Leben und für die Meditation am besten geeignete Atmung. Die natürliche Atmung ist die sogenannte Vollatmung, bei der der Atemimpuls vom Unterbauch ausgeht, und die Luft sowie die darin enthaltene Lebenskraft, auch Prana oder Od genannt, Zwerchfell, Lungen, Lungenspitzen und Flanken »füllt«. Eine Übungsfolge dazu finden Sie im nächsten Kapitel.

Erwartungen und Ziele, eigene Bemühungen und innere Gaben

Eines der größten Hindernisse für jede Meditation sind bestimmte, zuvor im Gemüt fixierte Erwartungen. Wenn wir uns vorher festlegen, was die Meditation uns »bringen« soll, verschließen wir uns vor der nicht so einfach kalkulierbaren schöpferischen Fülle des Lebens. Unser Ziel sollte nicht darin bestehen, ein bestimmtes Perlenschloß in der Astralebene zu sehen, eine bestimmte Krankheit umgehend zu heilen oder auch nur mit einem Schlag alle unliebsamen Gedanken auszuschalten. Unser Ziel sollte vielmehr sein, uns innig und unmittelbar für die Kräfte aus der Mitte zu öffnen, sie einzulassen und sensibel zu werden für die feinen Schwingungen im Inneren. Der Vorgang der Meditation ist wichtiger als irgendein Resultat der Meditation! Dazu bedarf es sowohl der eigenen Bemühung als auch eines von unserem Ego her nicht »abrufbaren« Segens! Wir begegnen dabei einem Paradox: Einerseits ist unsere eigene Bemühung um Meditation notwendig, damit Meditation »glückt« – und noch dazu soll diese Bemühung ge-lassen sein. Andererseits bedürfen wir der Gnade einer höheren Kraft, sowohl, damit unsere Meditation von bewußtem Erleben erfüllt werde, als auch, damit wir überhaupt die Bereitschaft spüren, uns der Meditation zuzuwenden. Aber ohne die eigene Bemühung sind wir für den im übrigen immer vorhandenen Segen gar nicht offen. Kurz: Bemühung und Segen gehen Hand in Hand, allerdings stellen innere Gaben keine »Belohnung« für besonders geduldiges, ausdauerndes Meditieren dar.

An dieser Stelle möchte ich kurz streifen, »woher« der Segen und die inneren Gaben kommen. Wer eine personale Gottesvorstellung hat, wird darauf antworten: von Gott. Wer keinen Zugang zu einer Gottesvorstellung, einem Gottesbild oder einer Gotterfahrung hat, wird mit dieser Antwort wenig anfangen können. Wir können uns dann ebensogut des Begriffs »kosmische Kräfte« oder »Selbst« bedienen. Sowohl der Kosmos wie wir selbst sind Teil ein und derselben großen Lebensenergie. Daß dieses Bewußtsein in Myriaden unterschiedlicher Ausdrucksformen existiert und dennoch aus einer einzigen Quelle fließt, können wir durch Meditation zur eigenen Erfahrung werden lassen.

Ein weiterer Aspekt dieses Paradoxons: Wenn wir uns zur Meditation zwingen und gar noch über längere Zeit hinaus, aber voller Ärger, Mißmut oder Unzufriedenheit, dann mag uns jede erhebende Meditationserfahrung versagt bleiben. Wenn wir uns jedoch voller Freude in die Meditation setzen, auch nur für kurze Zeit, werden wir oft reichlich beschenkt.

Ich empfehle: Halten Sie ein individuell unterschiedliches Gleichgewicht zwischen der notwendigen disziplinierten Einübung von Meditation, zu der Sie sich bisweilen auch »zwingen« müssen, und den Meditationen, zu denen Sie sich nur aufgrund innerer Glücks- oder Suchimpulse hinsetzen. Wenn Sie die meditative Kraft aus der Mitte mehrfach erfahren haben, entwickeln Sie ein eigenes Gespür für den Wert, die Hilfe und die Verheißung von Meditation.

Dankbarkeit und Lebensfreude

Die besten Garanten für glückliche Meditationen sind Dankbarkeit und Lebensfreude. Vielleicht wundern Sie sich: Wieso wird etwas, was wir erst als Ergebnis von Meditation erlangen wollen, nun bereits als Voraussetzung für das Gelingen von Meditation bezeichnet? Das ist ja das Verzwickte am Mysterium Leben: Es hängt alles miteinander unteilbar zusammen, alles ist eng mit einander verknüpft. Licht kommt von Licht, nicht aus der Dunkelheit; Leben kommt von Leben, nicht aus dem Tod. Bewußtsein kommt von Bewußtsein, und Dankbarkeit und Lebensfreude gebären sich ebenfalls selbst wieder. In uns ist grundsätzlich alles – der Makrokosmos ist im Mikrokosmos – die Dankbarkeit dafür, daß wir uns mittels eines menschlichen Bewußtseins verwirklichen dürfen, die

Freude darüber, daß wir uns eins mit der Urkraft der Schöpfung wissen.

Gibt es etwas im Leben, wofür wir danken können?

Was kommt uns in den Sinn, worüber wir uns freuen dürfen?

Die Gefühlsqualität, die damit verbunden ist, ist eine wirkungsvolle Hilfe des Gemüts, sich auf das Wesentliche zu besinnen.

Im Abschnitt über Schwierigkeiten in der Meditation werden eine Fülle von Einzelproblemen behandelt und die wirksamsten Lösungen erläutert.

Rhythmus des Lebens – Meditation und Atmung

Auf unserem nicht mehr ganz so grünen und blauen Planeten Erde gibt es kein Leben ohne Atmung. Vom ersten Moment der körperlichen Existenz bis zum letzten bestimmt der Rhythmus von Ein- und Ausatmung unser Leben. Nicht umsonst kennt der Volksmund die Begriffe »vom ersten« und »vom letzten Atemzug«.

Wir Menschen können einige Wochen ohne feste Nahrung leben, wenige Tage sogar ohne Flüssigkeit und Schlaf, aber nur wenige Minuten, ohne zu atmen. Unsere Atmungsweise wird durch eine Vielzahl von Faktoren bestimmt: durch die äußere Haltung, Konstitution, Alter, den Gesundheitszustand, psychische Belastungen, vor allem aber durch unsere Bewußtseinshaltung! Im Rahmen dieses Meditationshandbuchs geht es mir um den natürlichen Atemfluß, nicht um die willkürliche Lenkung und Beeinflussung der Atmung. Wenige Menschen atmen noch natürlich, Fehlatmungsformen sind uns so zur Gewohnheit geworden, daß wir sie noch nicht einmal als solche erkennen. Die Übungsfolge in diesem Kapitel hilft uns, unsere individuelle natürliche Atmung wiederzuentdecken und uns vertrauensvoll wieder in sie einzulassen.

Die natürliche Atmung wird zu einem wichtigen Fundament für unsere Meditationen, weil damit die Körperfunktionen quasi automatisch harmonisch ablaufen und unsere psychische Situation positiv beeinflußt wird. So können wir eventuelle Störungen der Meditation durch Körperbeschwerden oder Gemütsschwankungen von vornherein vermeiden. Unsere Atmung soll wieder so natürlich werden, daß sie eine unwillkürliche Stütze für unseren Lebensweg wird, ohne unser Bewußtsein ungebührlich zu beschäftigen. Irdisches Leben ist Rhythmus, ist Austausch und Balance zwischen Yin und Yang, Spannung und Lösung, Bewegung und Ruhe, Aktivität und Passivität, Werden und Vergehen. Wenn wir einseitig in der einen oder anderen Lebensform verharren, werden wir früher oder später physisch und psychisch leiden. Leben ist zyklischer Wandel, die Atmung ist Träger irdischer Lebenskraft. Gelöste Tiefe, entspannte Regelmäßigkeit und wache Ruhe sind Kennzeichen des natürlichen Atems. Wie der Herzschlag Hinweise auf Harmonie oder Disharmonie in unserem Leben gibt, so läßt der Atemrhythmus ebensolche Rückschlüsse zu.

- Ein stoßweiser, hektischer Atem weist auf Nervosität, Streß oder Aggressionen – auch infolge von Unterdrükkung oder Verdrängung – hin.
- Ein flacher und/oder schwacher Atem, noch dazu als Nasenatmung, läßt auf Lebensunlust, Teilnahmslosigkeit oder Oberflächlichkeit schließen.
- Ein starkes Einatmen und schwaches Ausatmen gibt zu erkennen, daß wir uns noch nicht ganz unserem irdischen Hiersein anvertrauen mögen und mehr aufnehmen als abgeben.
- Ein zu kurzes Einatmen und zu tiefes Ausatmen weist auf resignatives Alles-hergeben-wollen hin.
- Ein in sich stark unregelmäßiger Atem, der mal diese, mal jene Merkmale zeigt, legt den Schluß nahe, daß wir wie ein Blatt im Winde des Lebens mal hierhin, mal dorthin getrieben werden.

Dies sind nur wenige, naturgemäß kursorische Hinweise. Eine natürliche Atmung besteht dann, wenn der Atem frei und ungehindert fließen kann, ohne vom Ichwillen oder durch unbewußte Streßimpulse beeinträchtigt zu werden. Natürliche Atmung heißt ein Höchstmaß an Atemtiefe, Atemfreiheit und Weiträumigkeit der Atembewegung in Anpassung an den jeweiligen Zustand unserer Gesamtverfassung und an die äußeren und inneren Gegebenheiten.

Wer atmet?

Sie können die dreiteilige Übungsfolge im Sitzen, Liegen oder Stehen durchführen. Ich rate, daß Sie alle drei Haltungen einmal ausprobieren. Manche Menschen spüren den Atemvorgang besser im Sitzen, andere im Stehen oder Liegen. Die Anweisung gilt für die Sitzhaltung. Passen Sie sie bitte für andere Haltungen entsprechend an.

Übung:

Woher kommt der Atemimpuls?

▷ Die Übung dauert ca. 5 Minuten.

▷ Sinn dieser Übung ist, daß Sie den Ursprung des Atemimpulses Ihrer derzeitigen Atmung erkennen, nicht, daß Sie die »richtige« Antwort geben.

▷ Setzen Sie sich aufrecht und bequem auf einen Stuhl oder in einen Sessel, allerdings ohne im Bauchbereich einzuknicken, weil das die Atmung der

▷ Lockern Sie Gürtel oder Hosenbund oder zu enge Kleidung.

▷ Die Hände können Sie auf den Knien ablegen, wie es Ihnen angenehm ist.

▷ Schließen Sie die Augen.

▷ Atmen Sie drei Mal hintereinander kräftig durch den Mund aus, als ob Sie die Atemluft herausstoßen wollten.

▷ Beim dritten Mal atmen Sie so lang und tief aus, daß

Sie sich etwas vornüber beugen, um die letzte Luft heraus zu pressen. Atmen Sie nun nicht sofort wieder ein!

▷ Halten Sie etwa 10 bis 15 Sekunden inne, ohne einzuatmen, und seien Sie bitte ganz wach und achtsam.

▷ Wenn Sie spüren, es jetzt nicht mehr länger aushalten zu können, atmen Sie langsam und tief ein und beobachten Sie dabei ganz genau, am besten vom allerersten Moment des Lufteinsaugens an, *woher* der Atemimpuls kommt!

▷ *Woher* kommt der »Zwang«, wieder Luft einzusaugen?

Kommt dieser Impuls aus dem Bereich der Nase, oder aus dem Brustraum, aus dem Magen oder aus dem Unterbauch?

▷ Atmen Sie jetzt einige Male wieder ganz natürlich weiter, und wiederholen Sie dann das dreimalige stoßweise Ausatmen, und halten Sie nach dem dritten Male erneut inne.

▷ Prüfen Sie erneut, wenn Sie spüren, »jetzt muß ich wieder einatmen«, *woher* kommt dieser Impuls?

Gleich, zu welcher Antwort Sie kommen, »lohnt« sich diese Übung, weil wir unsere Aufmerksamkeit auf eine Quelle unseres Lebens lenken, die Atmung.

In der natürlichen Vollatmung kommt der Atemimpuls aus dem Unterbauch, etwa zwei Finger breit unterhalb des Bauchnabels, aus dem sogenannten Hara, der physischen

Mitte des Menschen. Die Vollatmung folgt dem Atemimpuls aus dem Unterbauch und läßt die Luft durch die Nase langsam und weiträumig von *unten* angefangen in Zwerchfell, Brustraum und Flanken einströmen. Dabei soll die Nase lediglich als Kanal dienen, und eben nicht, wie bei vielen von uns, als »Befehlsorgan« für die Atmung.

Häufige Fehlatmungsformen sind einseitige Nasenatmung oder Brustatmung, wobei die Zwerchfell- und Flankenatmung stark vernachlässigt wird. Wer viel meditiert, könnte auch die entgegengesetzte Fehlform entwickeln, nämlich eine einseitige übersteigerte Bauchatmung. Vielleicht erklärt sich so die eher wohlbeleibte Körpermitte vieler Gurus und Meister und Meisterinnen, und auch des Buddhas!

Übung:

*Vollatmung aus dem Unterbauch

▷ Die Übung dauert etwa 5 Minuten.
▷ Der Sinn der Übung besteht darin, die wichtigste natürliche und ursprüngliche Atemform bewußt kennenzulernen.
▷ Setzen Sie sich wieder aufrecht und entspannt hin. Schließen Sie die Augen.
▷ Legen Sie jetzt aber Ihre beiden Hände sanft übereinander auf den Unterbauch, so daß die Hände über dem Bauchnabel und der Zone darunter liegen.
▷ Atmen Sie dreimal langsam, tief und entspannt ein und aus, und lassen Sie Pausen, die vielleicht zwi-

schen dem Aus- und Einatmen entstehen, ruhig entstehen.

▷ Atmen Sie nun vertieft aus, pressen Sie restliche Atemluft zuerst aus dem Brustkorb, dann aus dem Bauchraum. Atmen Sie noch nicht wieder ein!

▷ Stoßen Sie noch einmal den letzten Rest Luft heraus – es macht nichts, wenn Sie dabei »in sich zusammensinken«, halten Sie aber die Hände sanft auf Ihrem Bauch. Sie stellen fest, daß auch aus dem Bauchraum noch ein bißchen Luft herauskam.

▷ Versuchen Sie zu erfühlen, wie nun aus der Mitte des Bauchraums heraus der »Zwang« zum Einatmen kommt.

▷ Atmen Sie nun möglichst ausschließlich in den Bauchraum ein, so daß sich der Bauch richtiggehend füllt. Ihre Hände werden dabei spüren, wie sich Ihre Bauchdecke hebt, während Sie Ihre Aufmerksamkeit auf das Einströmen der Luft im Bauchraum gerichtet halten. Auf dieses äußere Spüren mit den Händen und das innere Spüren mit unserem Bewußtsein kommt es an.

▷ Beim nächsten Einatmen lassen Sie wieder die Luft zuerst in den Bauchraum einfließen, so daß sich Ihre Bauchdecke spürbar hebt, aber nun atmen Sie noch tiefer und weiträumiger ein, um auch den Brustraum mit Luft zu füllen.

▷ Beim dritten Einatmen zunächst Bauch-, dann Brustraumatmung, und dann atmen Sie noch tiefer ein, um auch die Flanken zu füllen.

▷ Um das auch körperlich zu spüren, legen Sie Ihre

Hände jeweils mit den Handflächen auf die Rückengegend der Nieren, zwischen dem hinteren Rippenbogen und der Beckenschaufel. Wenn Sie tief genug einatmen, und Bauch- und Brustraum bereits mit Luft gefüllt sind, spüren Sie, wie Sie noch im Flankenbereich »Platz« für mehr Luft haben, und wie sich Ihre Flanken dehnen.

▷ Zum Schluß probieren Sie drei oder mehrere Male aus, wie die Vollatmung für Sie wirkt, wenn Sie sie wie von selbst geschehen lassen. Das geht erst jetzt, nachdem Sie sie bewußt kennengelernt haben.

Damit kommen wir zum Abschluß und Höhepunkt unserer dreiteiligen Übungsfolge, dem Erspüren wer oder was eigentlich in oder durch oder mit uns atmet. Haben Sie sich das schon einmal überlegt? Wer oder was atmet eigentlich in uns? Wer oder was schaut aus den schwarzen Löchern unserer Augenpupillen heraus? Ist das unser Ego? Unsere Persönlichkeit? Unsere Seele? Unser Selbst? Was ist das für eine Energie oder Kraft? Oder ist es ein nicht näher definierbares Bewußtsein?

Übung:

*Atme ich oder atmet Es?

▷ Dauer ca. 5 Minuten.
▷ Der Sinn besteht darin, unsere Aufmerksamkeit zu schulen und herauszufinden, welche Kraft uns zum Atmen bewegt. Es geht jetzt also nicht um das *Woher* des Atems, sondern darum, *wer* oder *was* atmet.
▷ Setzen Sie sich wieder entspannt, aufrecht und wach hin. Schließen Sie Ihre Augen, legen Sie die Hände auf die Knie oder in den Schoß.
▷ Beobachten Sie jetzt zehn Atemzüge lang Ihre Atmung, ohne in irgendeiner Weise einzugreifen. Erspüren oder »schauen« Sie, wie Ihr Atemrhythmus derzeit verläuft. Versuchen Sie wirklich nur, Ihren Atemvorgang zu beobachten – ohne jeden Eingriff und auch ohne jede Wertung. Versuchen Sie, jedes Mal ganz bewußt den Impuls zum Einatmen und den Impuls zum Ausatmen zu erspüren.
▷ Fahren Sie fort, Ihre Atmung gleichermaßen wach und entspannt zu registrieren. Stellen Sie nun zwölf Atemzüge lang jedes Mal immer genau dann, wenn Sie den Impuls zur Einatmung und den Impuls zur Ausatmung aufkommen spüren, die Frage: *Wer* oder *was* atmet? Atmet mein Ich? Atmet mein Ego? Atmet meine Seele? Atmet etwas anderes, eine unbestimmbare Kraft?
▷ Wir können mit unserem Ich teilweise lenken,

wann und wie wir atmen. Kann unser Ego aber bestimmen, *ob* wir atmen?
▷ Lassen Sie sich zum Abschluß ein in das Auf- und Abschwellen der Lebensenergien, die in Harmonie mit der Atmung schwingen. Genießen Sie einfach, von der Kraft des Atems getragen zu werden!

Kein Zweifel: Wir können vom Ich her atmen oder zumindest die Atmung wesentlich beeinflussen. Damit ist unsere Atmung aber den Wechselbädern unseres schwankenden Egos ausgesetzt. Wir können aber nicht als Ego bestimmen, daß wir atmen! Auch bei der Atmung begegnet uns ein Paradox. Wir müssen zunächst den natürlichen Atem wieder erfahren und uns wieder in ihn einstimmen. Und dann, wenn uns der Atem als Stütze bewußt geworden ist, lassen wir ihn wieder los. Die besten Hilfen sind bekanntlich jene, um die nicht viel Aufhebens gemacht wird. Meditation kann durch Fehlatmungsformen erheblich behindert oder gestört werden. Die natürliche Vollatmung läßt dagegen unsere Aufmerksamkeit sich dorthin wenden, wo es not tut: zum Gegenstand unserer Meditation. Außerdem ist sie ein wichtiger Garant dafür, daß Körper und Gemüt sich gesund und in Harmonie befinden.

Warum ist die Atmung als Durchgangsstadium so wichtig? Weil unser Leben damit eng verknüpft ist, und weil wir uns in der Meditation letztlich auf Bewußtseinsdimensionen und Kraftquellen ausrichten, welche *jenseits* des physischen Atems liegen. Die bewußte Atmung führt uns dazu, über den Atem hinauszugehen und unser wahres Wesen zu erfahren, das nicht mehr dem Auf und Ab unterworfen ist.

Khalil Gibran schrieb in seinem Büchlein »Der Prophet«: »Was bedeutet zu sterben schon anderes als nackt im Wind zu stehen und in die Sonne zu schmelzen? Und was bedeutet aufzuhören zu atmen schon anderes, als den Atem von seinen ruhelosen Gezeiten zu befreien, so daß er sich erheben und ausdehnen möge, um Gott unbehindert zu suchen.«

Wachheit und Entspannung

Ich möchte Sie mit einigen Bemerkungen noch auf das zunächst vielleicht eigenartig anmutende Verhältnis zwischen Wachheit und Entspannung einstimmen, das für jede Form von Meditation bedeutsam ist. Mit Wachheit verbinden wir üblicherweise angespannte Aktivität, mit Entspannung genüßliches Ausruhen.

In der Meditation brauchen wir beides. Wachheit und Entspannung sind dabei für uns keine Gegensätze. Wachheit ist notwendig, um bewußt wahrzunehmen, was an inneren Bildern, Empfindungen, Schwingungen und Kräften spürbar wird. Es bedarf auch der Wachheit, um unterscheiden zu lernen, was ein körperlicher Instinkt, was ein Egogefühl, was eine Gedankenform und was schließlich eine echte geistige, spirituelle Erfahrung aus einer höheren Dimension ist. Und wir müssen ebenfalls wach und achtsam sein, um bewußtes Sein von bewußtem Haben zu unterscheiden. Bewußtsein ist letztlich die meditative Einheitserfahrung, daß wir als Einzelwesen, unser Leben und die gesamte Schöpfung, aus einer Kraft sind und daß es jenseits der Myriaden von Erscheinungsformen und Äonen von Zeitläufen ein Wesentliches, Unveränderliches gibt, das wir *sind*! »Bewußthaben« ist im Gegensatz dazu die Identifizierung mit Einzelgefühlen, Einzelgedanken, Einzelkörperformen, ohne zu erkennen, daß diese nichts sind ohne die Wahrnehmungskraft eines »bewußten Bewußtseins«.

Anders und kürzer gesagt: Ohne Wachheit kein bewußtes Leben. Ohne bewußtes Leben keine Entwicklungsmöglichkeit. Ohne Entwicklungsmöglichkeit keine Chance, Leid und Krankheit und Tod zu überwinden.

Entspannung ist notwendig, für die Meditation und im Leben, um loslassen zu können. Wir müssen unsere Sorgen, unsere Schmerzen, unseren Kummer, aber auch unsere Erfolge, unsere Begeisterung und unser Glück für die Zeit der Meditation loslassen. Entspannung bedeutet, daß Körper, Gemüt und Geist sich nicht mehr mit dem beschäftigen, was sonst unsere Aufmerksamkeit in Anspruch nimmt. Statt dessen öffnen wir uns in der Meditation für überpersönliche Aspekte unseres Lebens und unseres Wesens.

Wache Entspanntheit oder entspannte Wachheit heißt also, daß wir bereit sind, Körper, Persönlichkeit und all das, was damit zusammenhängt, für einige Zeit beiseite zu lassen bzw. zu überschreiten. Wir können höhere Einsichten und wirksamere Kräfte, die von innen heraus unsere Probleme lösen helfen und unser Leben mit Sinn erfüllen, nur dann erlangen, wenn wir uns für die Ebenen öffnen, von denen her uns diese Energien zufließen. Diese Ebenen sind immer überpersönlich! Wache Entspanntheit ist eine Voraussetzung für den Kontakt mit den Kräften aus der Mitte, um ohne einengende Vorstellungen und Erwartungen das annehmen zu können, was das Leben selbst uns in der Zeit der Meditation offenbart. Überpersönlich heißt übrigens nicht unpersönlich! Zu meditieren bedeutet eben nicht, das irdische Leben zu vernachlässigen oder zu verdrängen. Erst aus dem überpersönlichen Bewußtsein kann sowohl individuelles Lebensglück erwachsen wie eine wirkliche Lösung für unsere sozialen und ökologischen Weltprobleme. Nur, wenn wir unmittelbar erfahren und nicht nur intellektuell erkennen, daß alle Lebewesen untrennbar miteinander verbunden sind, werden wir nicht weiter Menschen und Tiere sinnlos töten, nicht weiter aus Profitdenken die Lebensgrundlagen zerstören, nicht weiter die Ungerechtigkeiten zwischen manchen Machthabern und Eliten gegenüber Millionen von Menschen dulden. Erst das innige Erspüren, daß es nur *einen* Bewußtseinsstrom gibt, der alles Leben durchdringt, wird das »Paradies auf Erden« entstehen lassen.

Aufmerksamkeit

Neben der entspannten Wachheit, einer »passiven« Einstellung, ist Konzentration als »aktive« Ausrichtung eine weitere wichtige Voraussetzung für erfolgreiche Meditation. Konzentration ist die Fähigkeit, sich in der Sammlung auf einen Gegenstand, ein Gefühl, einen Gedanken, eine Energieschwingung hin, nicht durch äußere oder innere Störungen ablenken zu lassen. Man kann Konzentration üben! Aus persönlicher Erfahrung, mit einem eher nervös-sprunghaften Naturell in dieses Leben gekommen, kann ich Ihnen versichern, daß es sogar sehr einfach ist, Konzentration zu üben. Ich hatte gelernt, sogar bei Schreibmaschinengeklapper, Telefonaten und sich unterhaltenden Kollegen, die in einem Raum mit mir waren, Texte für Fernsehnachrichtenberichte zu schreiben oder Konzepte für neue Sendungen auszuarbeiten. Ab und an mußte ich Nachrichtentexte zu Filmberichten »live«, also während der Sendung, sprechen – üblich ist, daß die Sprechertexte für Filmbeiträge vorher aufgezeichnet werden. Und selbst in solchen Situationen hatte ich mich immer wieder mal entschieden, einen Text noch spontan während des Sprechens zu ändern. Auch das erfordert natürlich Konzentration und ein Vertrauen in den rechten Fluß von Energien. Auch Sie können lernen, Ihre Aufmerksamkeit so bewußt zu steuern und auf einen kleinen Ausschnitt zu begrenzen. Es erfordert nur einige bewußte Übung. Zwei der drei Übungsvorschläge, die ich Ihnen dazu machen möchte, beruhen vor allem auf Lernerlebnissen in den Kursen von Anneliese Harf und Paul Bergauer vom Münchner Yogazentrum, die inzwischen beide in eine andere Wirklichkeit übergewechselt sind, und langjährigen eigenen Erfahrungen mit der Meditationsmethode des Sant Mat, der Wissenschaft der Seele. Mehr darüber im Kapitel über das sechste Chakra. Aber am Anfang eine ganz einfache, »überzeugende« Übung:

Übung:

Leuchtendes Band

▷ Dauer ca. 2 Minuten.

▷ Sie können die erste Übung nur machen, wenn es dunkel ist. Nehmen Sie ein beliebiges Räucherstäbchen, das Sie anzünden und dann ausblasen, so daß nur die Spitze glüht. Löschen Sie das Licht, falls Sie im Zimmer und nicht draußen unter freiem Nachthimmel sind. Nun schwenken Sie das glühende Räucherstäbchen relativ schnell hin und her und probieren auch verschiedene Bewegungsfolgen aus.

▷ Was passiert? Sie werden feststellen, daß Ihre Augen praktisch unwillkürlich der glühenden Spitze folgen, die leuchtende Bänder eines gelb-rotglühenden Lichtes beschreibt. Was passiert mit Ihrem Bewußtsein dabei? Was macht Ihre Aufmerksamkeit dabei? Sie konzentrieren sie sehr stark, vielleicht sogar fast ausschließlich darauf, mit dem Sehvermögen den Leuchtbahnen des glühenden Räucherstäbchens nachzugehen. Aufmerksamkeit zu lenken heißt zu üben, unser Bewußtsein zu sammeln, zu bündeln und möglichst konzentriert auf nur einen Gegenstand, eine Aktivität, ein Gefühl zu richten. Der erste Lernschritt besteht für viele Menschen darin, zu erleben, daß sich die Aufmerksamkeit überhaupt »isoliert« lenken läßt.

Übung:

*Nachklingender Ton

▷ Dauer ca. 2 Minuten.

▷ Eine im Prinzip ähnliche Übung besteht darin, daß Sie ein klingendes Glas oder eine Klangschale oder Zimbel hernehmen und diese behutsam ein einziges Mal anschlagen. Dann lauschen Sie dem Ton nach, solange es nur irgend geht. Versuchen Sie, auch noch die allerfeinste Klangschwingung wahrzunehmen, während der Anfangston allmählich abklingt. Das schult ebenfalls Ihre Aufmerksamkeit und Ihre Konzentration. Unterschätzen Sie bitte nicht die Wirksamkeit dieser so »leichten« Übungen. Ich möchte Ihnen erneut eine persönliche Garantie geben: Wer eine Woche lang, jeweils 5 Minuten lang am Morgen und am Abend, auf diese Weise feinen Klängen nachhört, wird unvermeidlich eine subtile Sensibilität und ein völlig neues Lebensgefühl entwickeln.

Nun zu einer komplexeren Übung. Sie können sie sowohl im Sitzen wie im Liegen und theoretisch auch im Stehen durchführen. Hier wird die Übung im Sitzen beschrieben.

Übung:

**Durchspüren des Körpers*

▷ Dauer ca. 10-20 Minuten.

▷ Setzen Sie sich aufrecht und entspannt hin, lockern Sie den Hosen- bzw. Kleiderbund, falls notwendig, verschränken Sie die Beine nicht und legen Sie die Hände auf die Knie oder in den Schoß. Schließen Sie die Augen.

▷ Lenken Sie Ihr Bewußtsein in die Füße. Spüren Sie bis hinein in Ihre Zehen. Fühlen Sie, wie der Boden, auf dem Ihre Füße ruhen, Ihren Körper trägt. Vielleicht erfassen Sie auch etwas von der »Verwurzelung« von uns Menschen mit der Erde über unsere Füße. Stimmen Sie sich auf jeden Fall in Ihre Füße ein. Falls es zu kribbeln beginnt, oder Sie ein feines Ziehen bemerken oder andere subtile Veränderungen, sind das im Regelfall Anzeichen für die Lösung von Energieblockaden durch das bewußtere Erleben der betreffenden Körperzonen. Wenn Sie Spannungen bemerken, können Sie diese mit der Ausatmung an die Erde und die Luft abgeben und sich somit davon lösen.

▷ Nun verlassen Sie Ihre Füße und wenden Ihre Aufmerksamkeit zunächst den Knöcheln und dann den Waden zu und spüren ebenfalls hinein – ohne jede Urteile und Wertungen. Wie fühlen sich diese Körperzonen an? Sind sie schwer oder leicht, dunkel oder hell, kühl oder warm? Wieder können Sie Spannungen mit der Ausatmung loslassen.

▷ Sie ziehen jetzt Ihre Aufmerksamkeit weiter nach oben, über die Knie in die Oberschenkel. Verweilen Sie auch hier einige Zeit, bis Sie sich einigermaßen bewußt »eingelebt« haben. Erneut atmen Sie Spannungen aus und geben sie an die Erde ab, die die Energie dieser Spannungen umzuwandeln vermag.

▷ Danach lenken Sie Ihr Bewußtsein in den Beckenbereich und das Gesäß. Spüren Sie, wie der Stuhl, auf dem Sie sitzen, auf der Erde steht, die auch Sie trägt. Wie fühlt sich der Körperbereich von Gesäß und Becken an? Wenn Ihnen Verspannungen auffallen, so atmen Sie diese wieder aus und lösen sich dadurch von ihnen.

▷ Nun wenden Sie Ihre Aufmerksamkeit einem höher gelegenen Körperbereich zu, dem Rumpf, dem Magen, dem Rücken, dem Brustraum, den Schultern bis zum Hals. Fühlen Sie, wohin in diesem relativ großen Bereich Ihr Bewußtsein Ihre Aufmerksamkeit führt oder zieht? Wie spüren Sie Ihren Rumpf? Kompakt oder locker? Hart oder weich? Eventuell vorhandene Spannungen, die Ihnen jetzt auffallen, lösen Sie mit der Ausatmung heraus.

▷ Wandern Sie dann mit der Aufmerksamkeit den linken Arm hinab, von den Schultern über Oberarm, Ellenbogen und Unterarm bis hinunter in die Hand, die Finger und die Fingerspitzen. Wie fühlt sich Ihr Arm an? Spüren Sie irgendwelche kleinen Veränderungen, während Sie bewußt so »hineinhorchen«?

Wenn Sie den linken Arm jetzt mit dem rechten vergleichen – stellen Sie irgendeinen Unterschied fest? Wenn Ihnen jetzt Unterschiede auffallen, so ist auch dies ein Zeichen für die Wirksamkeit der Belebung des Körpers durch bewußte Aufmerksamkeit.

▷ Gehen Sie zum Ausgleich auch den rechten Arm von der Schulter ganz hinunter bis in die Fingerspitzen, wie zuvor beim linken Arm. Fühlen sich beide Arme jetzt gleich an? Lassen Sie wieder alle etwaigen Verspannungen mit dem Ausatmen los.

▷ Nun lenken Sie Ihr Bewußtsein durch den Hals, hinauf in den Kopf, in Ohren, Oberkiefer, Unterkiefer, Mund, Nase, Augen und Schädelhaut. Wie erleben Sie Ihren Kopf? Als schwer oder leicht, dunkel oder licht? Wenn Sie Spannungen spüren, zum Beispiel um die Mundwinkel herum, um die Ohren, um die Augen oder an der Schädeldecke, atmen Sie sie wieder aus.

▷ Fühlen Sie sich jetzt insgesamt anders als bei Beginn der Übung? Vielleicht besser? Vielleicht klarer, frischer und bewußter?

▷ Welche Körperzonen sind Ihnen jetzt noch in besonderer Erinnerung? Warum? Wollen Sie noch einmal ganz gezielt Ihre Aufmerksamkeit in diesen speziellen Bereich lenken, um ihn noch einmal bewußter zu erleben oder mit der Ausatmung Reste von Verspannungen herauszulösen? Nehmen Sie sich dafür ruhig ein oder zwei Minuten Zeit.

▷ Atmen Sie zum Abschluß etwas tiefer langsam ein, füllen Sie Zwerchfell, Lungen und Flanken mit neuer

Luft, und vergegenwärtigen Sie sich dabei, daß Sie hier im Raum sind. Öffnen Sie wieder langsam Ihre Augen, dehnen und recken Sie sich, nehmen Sie wieder bewußten Kontakt zur Umwelt auf.

Vielleicht machen Sie gern Tagebuchnotizen. Dann lohnt es sich für Sie, kurz aufzuschreiben, wohin es Ihnen leichtfiel, Ihre Aufmerksamkeit im Körper zu lenken, und in welchen Körperzonen Ihre Aufmerksamkeit eher unkonzentriert oder diffus blieb. Vergleichen Sie nach einigen Tagen, ob und wie sich etwas verändert hat. Wenn Sie als Anfänger die Gelegenheit haben, mit einem kompetenten Lehrer zu üben, wäre das gut. Denn dann wissen Sie, an wen Sie Ihre Frage richten können.

Die folgenden drei Übungsvorschläge beziehen sich jeweils auf einen Themenschwerpunkt. Ich möchte sie Ihnen ohne längere Erläuterungen vorstellen.

Meditation für innere Ruhe

Übung:

**Stille und Frieden*

▷ Dauer ca. 5 Minuten.

▷ Der Sinn der Übung ist, in Zeiten großer Anspannung, Unruhe, Verwirrtheit, Chaos – aufgrund von Streß, Schmerzen, Leid, Kummer, Sorgen, Nöten oder Ängsten um sich selbst, die Familie oder Freunde, den Beruf oder soziale und politische Umweltbedingungen – die Voraussetzung zu schaffen, wieder selbstbewußt, aktiv und gezielt fühlen, denken und handeln zu können. Diese Grundvoraussetzung besteht in innerer Stille, körperlicher Ruhe und seelischem Frieden, wenn materielle und emotionale Konfusion uns sonst zu erdrücken scheinen.

▷ Am besten legen Sie sich auf Ihr Bett, auf ein Sofa oder eine Liege und legen je nach Temperatur im Raum oder im Freien eine Decke über sich, um sich wirklich warm zu fühlen. Sie können diese Übung auch im Sitzen ausführen und entsprechend umwandeln. Achten Sie darauf, daß enge Kleidungsstücke gelockert werden.

▷ Atmen Sie dreimal hintereinander ruhig und tief *aus*, ohne auf den Atemrhythmus, die Einatmung und so fort weiter zu achten. Einmal tief und ruhig ausatmen... noch einmal richtig ausschnaufen... und ein drittes Mal tief ausatmen.

▷ Achten Sie nun drei Atemzüge lang auf Ihre *Ein*atmung. Mit jedem Atemzug saugen Sie durch alle *Poren*, nicht nur mit der Atemluft selbst, das stille Dunkel der Nacht in sich ein. Einmal einatmen und Dunkel aufnehmen... das zweite Mal... und das dritte Mal.

▷ Spüren Sie, wie der Schleier des Dunkels sich um sie legt, wie Differenzierungen aufhören, und wie sich alle Zellen des Körpers im Dunkel entspannen können.

▷ Fühlen Sie, wie sich im Inneren und Äußeren des Dunkels Stille in Ihnen ausbreitet und alle Zellen sanft erfüllt.

▷ Führen Sie Ihr Bewußtsein in den Kopf und bemerken Sie, wie sich Ihre Gehirnzellen entspannen können, weil sie vom Dunkel umhüllt und vom Dunkel erfüllt werden und nichts bedenken und nichts angespannt bewerkstelligen müssen.

▷ Spüren Sie, wie sich auch in Ihrem Bauch Dunkel ausbreitet und alle nervösen Verkrampfungen sanft umhüllt, erfüllt und auflöst.

▷ Schließlich richten Sie Ihre Aufmerksamkeit in die Mitte Ihres Brustraums und fühlen, wie auch hier das angenehme Dunkel weiträumig alles erfüllt und beruhigt hat.

▷ Stellen Sie sich zum Abschluß ganz entspannt auf die Schwingung von *Frieden* ein. Spüren Sie, wie in der Mitte Ihres Brustraums die Schwingung von Frieden ganz einfach da ist.

▷ Lassen Sie dann diese Schwingung von Frieden aus

der Mitte Ihres Brustraums überall hin sanft weiterstrahlen, in ihren ganzen Körper, in den Bauch und das Becken ... in die Beine und Füße ... in die Schulter und die Arme und Hände ... in den Hals, den Nacken und den Kopf.

▷ Bleiben Sie jetzt eine Minute einfach liegen, ohne etwas zu wollen oder zu machen, ohne auf den Atem zu achten oder nachzudenken. Lassen Sie los, liegen Sie einfach da.

▷ Sie beenden die Übung nun, indem Sie dreimal betont tiefer einatmen: einmal ... das zweite Mal ... und das dritte Mal. Öffnen Sie nun die Augen und stellen Sie fest, ob Sie sich anders fühlen als am Beginn der Übung. Wohler, gefaßter, harmonischer?

Es macht übrigens nichts aus, wenn Sie nach einer längeren Zeit aufwachen und feststellen, daß Sie sogar eingeschlafen sind. Schlaf, schläfrige Ruhe und ähnliche Bewußtseinszustände sind die besten Boten einer beginnenden Entspannung. Sie zeigen an, daß Körper, Gemüt und Geist jetzt (endlich?) bereit sind, loszulassen, sich fallen zu lassen, in die Stille einzutauchen, um sich zu erneuern.

Meditation für größere Kreativität

Diese Übung kann nahtlos an die vorhergehende anschließen. Die Voraussetzung für Kreativität ist ja zunächst einmal innere »neutrale« Sammlung, um überhaupt die Chance zu haben, sich für höhere geistige Dimensionen und deren Weisheit öffnen zu können.

Übung:

**Inspiration und Intuition*

▷ Dauer ca. 5 Minuten.

▷ Der Sinn dieser Übung besteht darin, sich für Assoziationen, Inspirationen, für die Kraft der »unlogischen« Intuition, für nicht-rationale Einsichten und kosmische Energien zu öffnen, um bei konkreten Problemen oder Aufgaben Hilfe aus höheren Bewußtseinsdimensionen zu erhalten. Diese Übung »funktioniert« für alle Bereiche des Lebens, seien es Partnerschaftsthemen, Berufsprobleme, künstlerische Herausforderungen oder die Suche nach spiritueller Wegweisung. Wieder einmal eine meiner Garantien: Diese Übung wird Ihnen wertvolle Einblicke in Zusammenhänge und völlig unerwartete Hinweise auf Problemlösungen vermitteln. Vor allem, wenn Sie zuvor die vorhergehende Übung zu Stille und Frieden durchgeführt haben.

▷ Am besten machen Sie die Übung im Sitzen: aufrecht, entspannt, locker. Legen Sie sich ein Blatt Papier und einen Stift bereit, die Sie aber *während* der Übung *nicht* benutzen!

▷ Schließen Sie Ihre Augen.

▷ Lenken Sie nun Ihre Aufmerksamkeit auf das Thema, das Problem oder den Gegenstand des Lebensbereichs, in dem Sie spüren, frische kreative Kräfte und Einblicke zu benötigen. Das sollte nicht in Form einer Frage geschehen, sondern nehmen Sie nur, je nach Veranlagung, das Wort oder ein charakteristisches Bild, das Ihr Thema kennzeichnet. (Beispiele sind »Beziehung«, »Beruf«, »Spiel«, »Karriere«, »Musik«, »Kind«, »Liebe«, »Malerei«, »Erotik«, »Gesundheit« ...)

▷ Stellen Sie sich auf dieses Wort oder das Bild, das Sie dazu assoziieren, oder die Schwingung, die Sie im Zusammenhang damit empfinden, ein.

▷ Nehmen Sie diese Schwingung, das Bild oder das Wort dann entweder an die Stelle *vor* der Mitte Ihres Brustraums, oder *über* Ihrem Kopf. Machen Sie sonst *nichts*.

▷ Halten Sie einfach Ihre Aufmerksamkeit in Bild, Wort und Schwingung Ihres Themas gesammelt, welches sich vor Ihrer Brust oder über Ihrem Kopf befindet.

▷ Und jetzt *schauen* Sie mit dem »inneren« Auge, ob und eventuell wie sich Bild, Wort oder Schwingung verändern. »Passiert« etwas damit? Fängt etwas an, darin neu und anders zu vibrieren? Sehen Sie Licht oder Farben, die wie aus dem Nichts auftauchen und alles durchdringen?

▷ Sehen Sie geometrische Figuren, Symbole, Gestalten oder ganze Szenen? Was schauen oder spüren Sie, ohne daß Sie irgendetwas Spezielles erwarten oder gar »machen«?

▷ Beobachten Sie einfach, welche neuen Eindrücke, Bilder, Begriffe oder vielleicht sogar Klänge Sie wahrnehmen.

▷ Nehmen Sie wahr und nehmen Sie an, auch die kleinste, anscheinend unwichtigste Eingebung, Inspiration, Intuition.

▷ Zum Schluß ziehen Sie Ihre Aufmerksamkeit von dieser bewußten Beobachtung zurück und machen zwei Minuten lang gar nichts! Sie denken nicht, Sie fühlen nicht, Sie spüren nicht. Halten Sie nur stille. Lassen Sie das Thema jetzt ganz los.

▷ Sie beenden die Übung, indem Sie einige Male tiefer betont einatmen und die Augen wieder öffnen. Nach aller Erfahrung sind Sie zeitweise regelrecht von Bildern, Gedanken und Gefühlen oder Assoziationen überflutet worden. Geistesblitze haben Ihr Bewußtsein durchzuckt und Bruchteile von Sekunden lang so erhellt, daß Sie »wußten«: *Das* ist die Lösung. Hoffentlich haben Sie wirklich still gehalten und noch nicht zu Stift und Papier gegriffen, sondern tun dies erst jetzt. Denn dann haben Sie den Fluß des Klärungs- und Inspirationsprozesses nicht unterbrochen, dessen waches Erleben viel bedeutsamer für Ihre Entwicklung ist als einzelne Problemlösungen.

Sammeln Sie sich jetzt wieder etwas. Sie waren zuvor »ungeordnet« und damit unvoreingenommen offen, und notieren Sie in Stichworten die wichtigsten Hinweise, die für Ihr Thema wichtig sind, soweit es Ihnen jetzt gegenwärtig ist. Wiederholen Sie diese Übung an drei Tagen hintereinander und vergleichen Sie am dritten Tag Ihre drei Aufzeichnungen. Die Punkte bzw. Hinweise, die jedes Mal auftauchten, sind im Regelfall jene, die sie aufgreifen und verwirklichen sollten.

Meditation für bessere Heilung

Wir Menschen sind dem Wesen nach bewußtes Sein, das sich in verschieden »dichten« materiellen oder energetischen Formen ausdrückt. Die dichteste und materiellste Form ist unser Körper, eine feinere, unsere Gefühle, eine noch feinere, Gedanken und die am wenigsten materielle Form die reine Energie unserer Seele oder Selbst. Heilung erfolgt, nach meinen Erfahrungen, wirksam und dauerhaft nur dann, wenn auf allen Ebenen die rechte heilige = heile Ordnung wiederhergestellt und durch Auflösung der disharmonischen Ursachen auch beibehalten wird. Insofern kann es nachhaltige Heilung ohne Beachtung der geistigen Dimensionen gar nicht geben. (Siehe hierzu: Ingrid S. Kraaz/Wulfing von Rohr, »Die richtige Schwingung heilt«.)

An dieser Stelle soll ein Postulat genügen: Ohne Aktivierung der Seelenkräfte keine echte Heilung. Meditation, das Atmen der Seele, vermag die Seelenkräfte anzuregen. Meditation wird *jeden* Heilungsprozeß entscheidend fördern. Heilmeditation ergänzt *jede* physisch und psychosomatisch angezeigte Therapie oder Medizin!

Übung:

*Violettes und goldenes Licht

Eine Übung von Ingrid S. Kraaz von Rohr

▷ Dauer ca. 10-20 Minuten.

▷ Setzen Sie sich bequem, mit aufrechter Wirbelsäule und zugleich entspannt hin, lockern Sie zu enge Kleidungsstücke, die Beine können nebeneinander stehen oder locker übereinander geschlagen sein, wie es Ihnen am angenehmsten ist. Sie können Ihre Hände auf die Oberschenkel legen oder locker zusammenfalten. Wichtig ist, daß Ihre Wirbelsäule wirklich so aufrecht ist, wie dies Ihr Körperzustand zuläßt, aber ohne jede Verkrampfung. Lehnen Sie sich ruhig hinten an der Stuhllehne oder an der Wand an!

▷ Atmen Sie dreimal nacheinander in einem ruhigen Rhythmus tief ein und tief aus. Denken und spüren Sie beim Ausatmen, daß alle Giftstoffe und alle Sie belastenden Probleme Ihren Körper verlassen.

▷ Atmen Sie nun normal ruhig weiter, ohne an etwas zu denken. Stellen Sie sich jetzt vor, daß eine violette Flüssigkeit von oben über Ihren Scheitel und Ihren Kopf in Sie hineinfließt. Diese Flüssigkeit reinigt Sie inwendig vollkommen, löst auch schon lange vorhandene Ablagerungen heraus und gleichzeitig alle körperlichen, gefühlhaften und geistigen Belastungen.

▷ Die violette Flüssigkeit fließt in kreisenden Bewegungen durch Ihren ganzen Kopf. Mit der inneren Reinigung entspannt sich auch Ihr Gesicht äußerlich.

▷ Die violette Flüssigkeit strömt weiter in kreisenden Bewegungen durch Ihren Hals, auch durch die Halswirbelsäule, und verteilt sich in beide Schultern, Schulterblätter, Arme und Hände, bis hinein in die Fingerspitzen.

▷ Nun fließt die violette Flüssigkeit durch Ihre Brustwirbelsäule, und gleichzeitig hinein in den Oberkörper, den Brustraum und die Rückenpartien, durch das Herz, die Lungen, den Magen, durch die Leber rechts innen unter den Rippen, durch die Milz und die Bauchspeicheldrüse links innen unter den Rippen. Wenn Sie das Gefühl haben, in einem Organ oder in einem Bereich mehr reinigen zu müssen, so lassen Sie die violette Flüssigkeit bewußt jede einzelne Körperzelle in dieser Zone durchströmen.

▷ Weiter kreist die violette Flüssigkeit durch Ihre Taille hinunter in den Unterkörper, durch Ihren gesamten Darm, durch Nebennieren, etwas hinten innen unter den Rippen, sowie durch die Nieren, die darunter liegen.

▷ Weiter fließt die reinigende Flüssigkeit durch den Unterleib, durch die Keimdrüsen, bei Frauen durch die Eileiter, Eierstöcke und die Gebärmutter, bei

Männern durch die Prostata, und schließlich durch die Blase und den Anus.

▷ Dann verteilt sich die violette Flüssigkeit in beide Beine und strömt erst durch die Beckenschaufeln, danach durch die Oberschenkel, kreist durch beide Knie, die Waden, durch die Knöchel, die Fersen und durch beide Füße bis zu den Zehenspitzen.

▷ Die violette Flüssigkeit tritt schließlich an den Zehenspitzen wieder aus und fließt tief in die Erde hinein, bis ins Innerste, wo die herausgeschwemmten Ablagerungen, Giftstoffe, Belastungen, negativen Gedanken und Gefühle, Verspannungen und Probleme verbrannt und energetisch transformiert werden.

▷ Lassen Sie es nun einige Male tief in Ihnen aufatmen, und werden Sie sich mit dem ruhigen Atemfluß, der frische, neue Luft bringt, bewußt, daß Sie nun innerlich gereinigt sind. Jetzt sind Sie aufnahmefähig für neue Energien und neue Qualitäten. Erst nach einer solchen Reinigung von alten Schlacken können frische Energien wirksam aufgenommen werden.

▷ Bleiben Sie bequem, mit aufrechter Wirbelsäule und zugleich entspannt sitzen.

▷ Atmen Sie nun normal ruhig weiter, ohne an etwas zu denken. Stellen Sie sich jetzt vor, daß eine goldene Flüssigkeit von oben über Ihren Scheitel und Ihren Kopf in Sie hineinfließt. Diese Flüssigkeit erfüllt jede Zelle mit reiner kosmischer und göttlicher Energie. Diese Energie strahlt durch alle Dimensionen und in alle Ihre drei Körper, den geistig-spirituellen, den astral-emotionalen und den physisch-materiellen Körper.

▷ Die goldene belebende Flüssigkeit fließt durch Ihren ganzen Kopf. Damit beginnt Ihr Gesicht auch äußerlich Freude und Leben auszustrahlen.

▷ Die kosmische goldene Flüssigkeit strömt weiter durch Ihren Hals, durch die Halswirbelsäule und verteilt sich in beide Schultern, Schulterblätter, Arme und Hände, bis hinein in die Fingerspitzen. Vielleicht spüren Sie so etwas wie ein belebendes Kribbeln oder eine angenehme Wärme, das ist ganz in Ordnung.

▷ Nun fließt die goldene Flüssigkeit durch Ihre Brustwirbelsäule und gleichzeitig hinein in den Oberkörper, den Brustraum und die Rückenpartien, durch das Herz, die Lungen, den Magen, durch die Leber rechts innen unter den Rippen, durch die Milz und die Bauchspeicheldrüse links innen unter den Rippen. Wenn Sie das Gefühl haben, daß Sie in einer bestimmten Körperzone mehr dieser stärkenden göttlichen Energie brauchen, lassen Sie die goldene Flüssigkeit bewußt möglichst jede einzelne Zelle in diesem Bereich durchfließen.

▷ Weiter strömt die goldene Flüssigkeit durch Ihre Taille hinunter in den Unterkörper, durch Ihren gesamten Darm, durch Nebennieren, etwas hinten innen unter den Rippen, sowie durch die Nieren, die darunter liegen.

▷ Weiter fließt diese lichte Flüssigkeit durch den Unterleib, durch die Keimdrüsen, bei Frauen durch die Eileiter, Eierstöcke und die Gebärmutter, bei Männern durch die Prostata und schließlich durch die Blase und den Anus.

▷ Dann verteilt sich diese goldene Flüssigkeit in beide Beine und strömt erst durch die Beckenschaufeln, danach durch die Oberschenkel, fließt durch beide Knie, die Waden, durch die Knöchel, die Fersen und durch beide Füße hinunter bis zu den Zehenspitzen.

▷ Die göttliche kosmische golden-energiegeladene Flüssigkeit tritt schließlich an den Zehenspitzen wieder aus und fließt tief bis ins Innerste der Erde hinein. Wir Menschen dienen als Brücke und »Transformator« der göttlichen Energien für die irdische Welt, für die Erde. Die goldene Kraft bringt nicht nur uns selbst frische Lebendigkeit, sondern läßt auch der Erde neue Energien zuströmen. Wir Menschen sind für uns *und* für unseren Heimatplaneten verantwortlich.

▷ Werden Sie sich bewußt, wie Sie sich jetzt fühlen, im Vergleich zum Beginn der Übung vor der Reinigung durch die violette Flüssigkeit, und im Vergleich zum Beginn der Übung mit dem goldenen Licht, nach der Lösung von alten Mustern. Fühlen Sie sich jetzt angenehmer, klarer, frischer, wacher, aktiver, glücklicher?

▷ Zum Abschluß der Übung, um »zurückzukommen«, spüren Sie in Ihre Füße hinein, mit denen Sie fest auf dem Boden ruhen und mit ihm verwurzelt sind, und atmen Sie dreimal betont tief ein und aus. Öffnen Sie langsam Ihre Augen und kehren Sie in Ihren Tag zurück.

Wie zu allen mit einem * gekennzeichneten Übungen, gibt es auch zu dieser eine Tonkassette mit gesprochener Anleitung. Weitere Hinweise auf die Bedeutung und die Wirkung von Farben finden Sie auch in dem von meiner Frau, Ingrid S. Kraaz, und mir verfaßten Buch »Die Farben unserer Seele«. (Siehe Literaturverzeichnis.)

Ich möchte dieses Thema mit dem Hinweis auf Übungen abschließen, die von Dr. med. Heinrich Klaus zusammengestellt wurden, allgemein im Rahmen der »Imagineering«-Technik und speziell für (Operations-)Patienten. Sie sind in seinen Büchern nachzulesen (»Heilung und Selbstheilung durch Imagineering« und »Operation ohne Angst«) und teilweise auch als Tonbandkassetten erhältlich. (Siehe Literaturverzeichnis.)

II.
Lebenskraft aus der Mitte

Meditation, das höhere Selbst und der Emotionalkörper

Sie haben als Anfänger oder Anfängerin mit den vorhergehenden Übungen einige erste, als Fortgeschrittene/r vertiefte Erfahrungen machen können. Sind das bereits Meditationserfahrungen, hat es sich dabei bereits um unmittelbares inneres Erleben gehandelt? Ich vermute, daß die meisten unter Ihnen auch echte Meditationserfahrungen machen durften. Dennoch waren dies aus gutem Grund zunächst einmal geführte Visualisationen und Konzentrationsübungen, die dazu dienten, eine erhöhte Sensibilität für das innere Erleben zu entwickeln bzw. zu vertiefen. Für uns Menschen, die im Westen mit seinen intellektuellen Traditionen groß geworden sind, hat es einen Sinn und durchaus einen Reiz, uns an gedanklichen Konzepten zu orientieren. John C. Lilly hat in seinem Buch »Im Zentrum des Zyklonen« eine Landkarte des Bewußtseins nüchtern, ohne religiös-dogmatische Zutaten, beschrieben. Eine andere Art der Orientierung möchte ich Ihnen vor dem Hintergrund meiner eigenen Erfahrungen und meines Wissensstands anbieten.

Unserer *Körperlichkeit* sind wir uns sehr bewußt. Wir spüren unseren Körper vor allem dann, wenn etwas weh tut, wenn wir krank sind, wenn wir aufgeregt werden und feuchte Hände, rote Wangen oder einen nervösen Bauch bekommen. Wir freuen uns an der Körperlichkeit beim Essen, beim Schlafen – genauer, kurz vor und kurz nach dem Schlaf, wenn unser Schlaf gesund ist –, und im liebevollen sexuellen und erotischen Austausch. Viele Menschen im Westen halten ihren Körper fit mit Sport, Gymnastik und mancherlei Übungen. Manche »Kopfarbeiter« vernachlässigen ihn.

Wie kommt es nun, daß wir auch *Angst* vor dem Körper spüren? Warum haben wir Angst, den Körper eines Tages abzulegen? Einen Körper, der sich ja ohnehin ständig physikalisch verändert, dessen Bestandteile spätestens nach sieben Jahren völlig andere und neue sind, der ja auch weder von Größe noch von Statur und Beschaffenheit je gleich bleibt. Warum also haben wir Angst, diesen keineswegs festgefügten Hort zu verlassen? Weil wir das körperliche Leben für das einzige oder zumindest das wichtigste Leben halten! Weil wir noch wenig, vor allem wenig uns wirklich überzeugende, Erfahrungen anderer Lebensformen besitzen!

Unsere *Gefühle* haben wir häufig bewußt kennengelernt, sei es in positiver oder in negativer Weise. Unbewußt leben wir nahezu ständig in der Identifikation mit Gemütsbewegungen. Wir erinnern uns leicht daran, wie es sich anfühlt, wenn wir uns ärgern, wenn wir traurig sind oder ängstlich. Oft fällt es uns schwerer, uns darauf einzustellen, wie wir Freude spüren, Wohlbefinden und Zufriedenheit, Fröhlichkeit oder sogar Glück oder Liebe. Auch *Gedanken* sind uns als beinahe permanente Begleiter unseres Lebens vertraut. Teils als Störenfriede, die in der Konzentration auf eine Arbeit oder in der genüßlichen Freude von etwas quer schießen und uns ablenken, teils als begehrte Helfer, um Probleme zu lösen, oder als Impulse, die wunderschöne Phantasieträume anstoßen und ausmalen.

Liebgewordene Gefühle und Gedanken, die sich in Gewohnheiten, Tabak-, Alkohol-, Drogen- oder Fleischkonsum zum Beispiel, und in Erwartungshaltungen an den Partner, die Familie und die Umwelt ausdrücken, mögen wir nicht gern ändern oder gar aufgeben. Haß, Neid, Eifersucht, Herrschsucht, Habgier oder Ichbezogenheit gehören ebenso zu Gefühlen und Gedanken, die uns immer wieder einmal zu beherrschen scheinen. Wir halten uns stark daran fest, und reagieren meist mit Ärger, Enttäuschung, Angst, Verbitterung oder Resignation, wenn das Leben uns aufgibt, solche Gefühls- und Gedankenmuster und vor allem deren Ursachen zu überprüfen und zu revidieren, zumal, wenn der Anstoß dazu nicht freiwillig und von uns aus erfolgt, sondern vermeintlich von außen. Allerdings geben wir lieber ein Gefühls- und Gedankenmuster auf als unser körperliches Leben.

Nun hören wir viel davon, daß andere, genauso wichtige oder sogar wichtigere Formen in oder für jeden Menschen existieren, in und durch welche man sich und das eigene bewußte Sein ausdrücken kann. Wir hören vom »höheren Selbst«, vom »Emotionalkörper«, von der »Seele« oder dem »Selbst«, vom »Astralkörper«, vom »Kausalkörper« und anderen subtilen Körpern, die wie eine undurchsichtige Hülle unser eigentliches Wesen umschließen – als Inspiration, als Schutz und gleichzeitig als Gefängnis. Manches davon haben wir wahrscheinlich schon gelegentlich kennengelernt, aber noch nicht genug, um Urängste vor dem körperlichen Tod zu verlieren und auch noch nicht genug, um ein Gleichmaß angesichts von plötzlichen und unfreiwilligen Veränderungen unserer Gefühls- und Gedankenwelt zu bewahren.

Sie werden im Verlauf dieses Buches u. a. zu zwei wichtigen

Übungen eingeladen, um ganz praktische eigene Antworten auf diese Fragen zu finden: in der »Wo bin ich?«-Meditation und der »Wer bin ich?«-Meditation. Der nachfolgende Entwurf dient als modellhafte Übersicht, nicht etwa als ein weiterer fruchtloser Versuch unter unzähligen anderen, mindestens vierdimensionale Prozesse in zweidimensionaler Sprache darstellen zu wollen. Und er dient auch nicht dazu, Ihre eigenen Antworten zu entwerten oder auch nur zu bewerten. Mit diesen Einschränkungen also stelle ich Ihnen eine Menschen- und Weltsicht vor, wie sie mir als hilfreich und weitgehend realistisch erscheint.

Ähnlich, wie wir inzwischen das Paradox kennengelernt haben, daß Licht sowohl ein Teilchen wie eine Welle sein kann, können wir sagen: Das Wesen des Menschen, unser Bewußtsein, drückt sich durch den physischen Körper aus und ist insofern »in« ihm konzentriert – gleichzeitig aber ist das Bewußtsein unbegrenzt und geht weit über die körperliche Form hinaus. Zu einem umstrittenen Zeitpunkt nach der Befruchtung, etwa zwischen zwei bis acht Wochen danach, verdichtet sich Bewußtsein im entstehenden neuen Körper und beginnt, ihn zu durchdringen. Beim Tode verläßt das Bewußtsein seine Verdichtungszone dieses Körpers wieder.

Was vor der Geburt geschieht und was nach dem Tode passiert ist zwar von höchstem Interesse und ein spannendes Forschungsgebiet. Wir wollen uns in diesem Buch aber im wesentlichen auf unser Leben hier und jetzt konzentrieren und untersuchen bzw. erfahren, was wir hier und jetzt anders, besser, schöner, weiser und glücklicher gestalten können. Wir wollen uns mehr um selbst nachprüfbares Erleben feinerer Bewußtseinsdimensionen kümmern und weniger um allzu spekulative Betrachtungen.

Unbestritten ist also, um den Faden wieder aufzunehmen, daß uns der Körper als eine Art Station oder Heimat oder eben Verdichtungszone für unser Bewußtsein dient. Daß Bewußtsein aber in keiner Weise auf den Körper begrenzt ist, sondern eben nur im Körper zeitweise verankert oder verwurzelt ist oder sich womöglich auch nur vorzugsweise aber nicht irgendwie total verhaftet darin aufhält, verdeutlichen einige wenige Beispiele.

Im Traum liegt der Körper unter einer Decke auf dem Bett, unsere Gefühle und Gedanken treiben sich aber in Österreich im letzten Urlaub herum. Oder wir finden uns in einem krausen Panoptikum aus Versatzstücken unseres letzten Alltags und politischen Ereignissen wieder. Vielleicht träumen wir uns in wunderschöne Landschaften mit wunderschönen Menschen oder in Welten, erfüllt von Fabelwesen? Auf jeden Fall hat unser subjektiv bewußtes Erleben nichts mit unserer Körperbegrenzung mehr zu tun, denn wir liegen ja nach wie vor in Herne oder Linz oder St. Gallen in einem dunklen Zimmer unter dem Federbett. Und was passiert im Film? Wir sitzen gemütlich in einem Kinosessel oder lümmeln uns zu Hause auf die Couch, knabbern Salzstangen oder Schokoladennüsse und lassen uns auf bunter Bilder Schwingen und wundersamer Laute Klängen in antike Dramen um Kleopatra, hehre Ritterkämpfe des Mittelalters, auf die Straßen Berlins beim Mauerfall oder mittels Ufos auf fremde Sterne katapultieren. Wir lachen und weinen, wir leiden mit und sind gerührt vom Happy End. Das alles, während wir doch in trauter Umgebung sitzen und unser Körper kaum mehr als ein paar Zentimeter hin und her gerutscht ist. Die Frage lautet also: Wer sitzt da eigentlich? Und wer erlebt?

Ein drittes und letztes Beispiel, ein ganzes Stück persönlicher: Wir lassen uns in eine geführte Visualisation ein, oder eine »Rückführung«, oder eine »Astralreise« – es spielt keine große Rolle, wie wir es nennen – vielleicht meditieren wir gar und erfahren innere Visionen. Und diese Bilder zeigen *uns*, vielleicht in derselben Gestalt, vielleicht in einer anderen, vielleicht gleich alt oder jünger bzw. älter, vielleicht mit einem anderen Geschlecht? Nun erleben wir plötzlich, wie sich diese, uns so wohl bekannte Person, in ihrer dortigen Umgebung verhält, wie sie sich mit anderen Menschen austauscht, wie sie reagiert, welche besonderen Charaktermerkmale sie trägt, welche Schwächen und Stärken sie besitzt – und wir erkennen mit einem Male Themen, Probleme oder Herausforderungen unseres jetzigen Lebens im Gewande einer anderen Zeit, einer anderen Umgebung. Wir stellen fest, daß diese Szenarien sehr unmittelbar mit uns zu tun haben, daß sie wie ein Spiegel für uns heute wirken. Wir begreifen, welche Verhaltensmuster wir immer und immer wiederholen, welche Art von Menschen und Situationen wir immer wieder anzuziehen scheinen. Und wir erkennen auch, daß und was wir in unserem Leben ändern müssen und können, um eine neue Lebensqualität zu erlangen. All das geschieht, während wir doch auf einem Bett liegen oder in einem Lehnstuhl sitzen, halb wie in Trance, und den Körper nicht vom Fleck gerührt haben.

Ich darf aus eigenem Erleben sagen, daß man in solchen »Bewußtseinsreisen« auch Gegenstände oder Situationen erfahren kann, die einem im späteren physischen Leben wiederbegegnen. Ich habe in einer »Rückführung« Bilder gesehen, die im anschließenden, mir unbekannten Fernsehprogramm auftauchten. Bei anderen Gelegenheiten sah ich bestimmte einzigartige Objekte, die ich später auf einem Markt wiederentdeckte. Sicher haben Sie selbst auch schon einmal mitgemacht oder aus der Familie oder dem Freundeskreis gehört, daß Situationen, vielleicht in Träumen, »vorweggenommen« wurden, die sich später genauso oder ähnlich in der irdischen Realität abspielten. Unser Bewußtsein dehnt sich offensichtlich sehr viel weiter aus und ist keineswegs nur auf unseren physischen Körper beschränkt. Bewußtsein kann von jedermann/frau als rein geistiges Phänomen erlebt werden. Schauen Sie zu, wenn eine Mutter ihr Kleinkind liebevoll ansieht. Die Energie, welche zwischen den Augen hin und her fließt, läßt sich nicht messen oder wiegen, und sie ist doch sehr real! Möglicherweise haben Sie auch bereits eine Seele den Körper verlassen sehen. Dann wissen Sie, daß mit einem Male ein Körper, der gerade noch – so leidend er gewesen sein mochte – lebendig war, nun wie eine tote, leere Hülle auf dem Bette liegt. Was ist in beiden Fällen geschehen?

Das eben nicht auf Atome und Moleküle reduzierbare Bewußtsein drückt sich durch die »Fenster der Seele«, die Augen, aus. Solange das Bewußtsein regelrecht herausschaut aus den Augen, »lebt« der Mensch. Wenn das nicht mehr der Fall ist, wenn die Augen geschlossen sind, nicht nur nach dem physischen Tod, sondern auch bei Meditationen, in denen man das Körperbewußtsein teilweise oder ganz überschreitet, wohin geht das Bewußtsein denn dann? Löst es sich auf? Unsere moderne Wissenschaft sagt, daß sich Energie nie auflöst, sondern nur immer transformiert. Bewußtsein ist auch eine Form von Energie.

Wir wollen einmal versuchen, Bewußtseinsschichten zu unterscheiden.

- Da ist einmal unser Tagesbewußtsein, mit dem wir in unserem Alltag leben.
- Irgendwie anders ist unser Traumbewußtsein, das uns auf so eigenartige Weise von vielen Körperbegrenzungen befreit. Auch Tagträumerei, Phantasie und ähnliche Bewußtseinszustände gehören dazu.
- Dann kennen wir sicher alle instinkthaft aufkommenden Gefühlsreaktionen, oft heftiger Natur, die aus dem sogenannten Unbewußten und/oder Unterbewußten, aus Kindheitsprägungen oder der Aktivierung kollektiver Archetypen und archetypischer Situationen erwachsen – manche sagen sogar, aus den in den Körperzellen gespeicherten Eindrücken aus früheren Leben, die dort genauso angelegt sein sollen wie alle genetischen Informationen. Chris Griscom nennt die Summe dieser tief in uns eingeprägten »Programmierungen« den Emotionalkörper, dessen Sitz sich im Solar-Plexus- oder Nabelzentrum, einem wichtigen Kraftort und »Chakra« befinde. Sie mißt diesem Emotionalkörper eine sehr hohe Bedeutung bei.
- Als »Gegenspieler« des Emotionalkörpers wird von ihr und vielen anderen das »höhere Selbst« angesprochen, eine Instanz in uns, die mehr als nur das Gewissen oder die innere Stimme sei. Unser Tagesbewußtsein soll sich auf die Botschaften des »höheren Selbst« einstimmen, um Blocka-

den des »Emotionalkörpers« aufzulösen, bzw. nicht erledigte Themen, die dort festsitzen, entsprechend abzuschließen.

Es ist für unser Thema Meditation wichtig festzuhalten, daß also viele Lehrer davon ausgehen, daß es eine Art Polarität zwischen dem Tagesbewußtsein und dem Überbewußtsein des höheren Selbst einerseits und dem Unterbewußten des Emotionalkörpers andererseits geben soll. Sie bauen die von ihnen vorgeschlagenen Therapien und Entwicklungswege naturgemäß auf dieser Sicht auf. Ich konnte und kann dem nicht folgen. Eine Ganzheit kann nach meiner Erfahrung nicht aus einer Aufspaltung und Gegenüberstellung von Teilaspekten des Bewußtseins entstehen, sondern nur aus *einer* Kraft, die alle Ebenen durchdringt, mit allen Bewußtseinsdimensionen übereinstimmt und die darüber hinaus nicht nur auf die uns jeweils bekannten Ausdrucksformen von Bewußtsein begrenzt ist. Konkret gesagt: Wenn es so etwas wie das höhere Selbst tatsächlich gibt, dann *sind* wir es. Wir müssen dann nicht das höhere Selbst um Rat bitten vom Standpunkt eines davon getrennten Bewußtseins aus. Mir erscheint diese Anschauung immer wie eine Art Persönlichkeitsspaltung. Denn wenn wir die vermeintliche Instanz des höheren Selbst um Fingerzeige bitten, wer oder was ist es dann eigentlich, der fragt? Wer ist es, der die Antwort erfahren möchte?

Meditation ist ein wirksamer Weg, zu jener Kraft zu finden, welche die Erfahrung von Ganzheit möglich macht. Wir erleben zunächst Erscheinungsformen und Wirkungen von Kräften, die wir aber nicht außerhalb oder unterhalb oder oberhalb von uns suchen, sondern innerhalb unseres Selbst.

Durch den Prozeß des Erlebens dieser Kräfte und die Wahrnehmung, daß sie aus *uns selbst* ausstrahlen, werden wir gewahr, daß diese Kräfte Teil bzw. Ausdruck von uns selbst sind, und wir gleichzeitig zu Schöpfern und Nutznießern dieser Energien werden. Schließlich erkennen wir, daß wir selbst diese Kräfte *sind.* Meditation führt zur Offenbarung der Lebenskraft aus der Mitte, die wir am Anfang vielleicht als etwas von uns Getrenntes erleben, mit der wir uns indes über kürzer oder länger als identisch erfahren werden. Es gibt keine isolierten Teilaspekte und widerstreitenden Kräfte hier und dort, sondern nur ein universelles Bewußtsein, an dem wir teilhaben, und als das wir uns über kurz oder lang selbst erkennen können. Und müssen! Denn das ist ja schließlich der Hauptsinn dieses merkwürdigen Mysterienspiels, das wir Leben nennen.

Es geht übrigens keinesfalls um eine Vernachlässigung oder gar Verdrängung wichtiger psychologischer Phänomene, Probleme oder Therapieprozesse – wie jene der Individuation, der Erkenntnis wechselseitiger Innen- und Außensteuerung, von dynamischen Energietherapien, etc. –, die nun alle unter dem heiligen Mantel einer frommen, aber undifferenzierten und deshalb nicht so recht hilfreichen Einheitsgesundbeterei versammelt werden sollten. Nur müssen wir aufmerksam unterscheiden zwischen Diagnose und Therapie einzelner Facetten eines Lebens, und der Hinwendung zum Kern, zum Wesentlichen, zur Mitte. Erst diese Hinwendung zur Mitte erlaubt, die einzelnen äußeren Facetten im rechten Zusammenhang zu sehen.

Gedankenkonstruktionen der Zersplitterung ziehen Zersplitterung als Folge nach. Bildentwürfe von immer größeren

Einheiten führen naturgemäß zu Aufnahmebereitschaft für immer umfassendere Ganzheitlichkeit. Meditationsformen, die sich ganzheitlichem Erleben widmen, öffnen für die universelle Einheit. Meditation hilft, sich als das zu erkennen, was den Körper, die Gefühle und Gedanken, das Unterbewußte, den Emotionalkörper, das Ich, das Über-Ich, das Überbewußte, das höhere Selbst, die irdischen Ebenen, die astralen und kausalen Dimensionen, schlechthin die gesamte Schöpfung überhaupt belebt und bedingt: *Bewußtes Sein!* Lebenskraft aus der Mitte heißt, Antworten auf die Fragen zu erfahren: Wo ist das Bewußtsein? Wer ist Bewußtsein?

Ich weiß, daß ich es Ihnen manchmal nicht gerade leicht mache. Es wäre einfach, mit schwungvollen, emotional geladenen Erklärungen den Eindruck zu erwecken, als ob Meditation und Bewußtseinsentwicklung identisch mit gemütvollen oder gar sentimentalen Stimmungen wären. Auch könnte man leicht vermeintlich von höheren Wesen inspirierte Weltbilder entwerfen, die durch und durch überzeugend erscheinen. Es ist sehr viel schwieriger und unattraktiver, keine Glaubensbekenntnisse zu fordern oder zu fördern, sondern dazu einzuladen, eigene Erfahrungen zu machen. Und wenn Sie dann auch noch nicht einmal eine genaue Landkarte des Bewußtseins in die Hand bekommen, sondern lediglich mehr oder weniger vage oder subjektive Hinweise, mögen Sie sich unter Umständen manchmal etwas verloren vorkommen. Deshalb möchte ich Sie an dieser Stelle an etwas er-innern:

Sie haben eine unmittelbare Verbindung zur unzerstörbaren lebendigen Kraft des All-Bewußtseins, *Sie* selbst *sind* ein Teil davon. *Sie selbst* sind sowohl Mittler schöpferischer Energien als auch Sender *und* Empfänger. Die Tatsache, daß wir »Bewußtsein«, »Leben«, »Liebe«, »Gott« auch nur denken oder hoffen können, ist ein untrüglicher Fingerzeig zumindest für die Möglichkeit deren »realer« Existenz. Goethe hat formuliert: »Und wär das Aug nicht sonnenhaft, die Sonne könnt es nicht erkennen.« Wissen allein reicht nicht hin, wir bedürfen der bis ins Mark reichenden persönlichen Erfahrungen auf allen Seinsebenen, wir brauchen die eigene Schau, das unmittelbar erfaßte Erleben der Ganzheitlichkeit, um über das vielleicht vorhandene rationale Erkennen hinaus zu einer tragfähigen Basis für unsere Lebensführung im Alltag zu gelangen. Ohne Vertrauen in die uns innewohnenden Kräfte, ohne Vertrauen in unser bewußtes Sein, wie sollten wir glücklich sein können?

Die nächsten vier Übungen dieses II. Hauptteils, sowie die Meditation über den Tod und die »Wer bin ich?«-Meditation im III. Hauptteil dienen dazu, ein solches Vertrauen zu entfalten.

Körpermeditation

Übung:

**Wo bin ich?*

▷ Dauer ca. 10 Minuten.

▷ Sinn der Übung ist, klarer unterscheiden zu lernen und sensibler erfahren zu können, in welchen Räumen sich unser Bewußtsein befindet, und ob unser Bewußtsein auf bestimmte Räume begrenzt ist oder nicht.

▷ Die Übung kann im Sitzen oder im Liegen durchgeführt werden. Sie sollen sich während der Übung körperlich so bequem fühlen, daß Sie Ihren Körper nicht unangenehm spüren, sondern eher »vergessen« können. Lockern Sie wieder zu enge Kleidungsstücke; setzen Sie sich ruhig, wenn Sie mögen, in einen weichen Sessel mit Rücken- und Armlehnen.

▷ Schließen Sie Ihre Augen.

▷ Atmen Sie dreimal ruhig, tief und hörbar ein und aus, und versuchen Sie, mit der Ausatmung alle Spannungen des Tages loszulassen.

▷ Wenn Sie sitzen, lassen Sie mit der ersten Ausatmung Belastungen in Ihren Schultern los. Sie stellen fest, daß die Schultern dabei entspannen und ein bis zwei Zentimeter herabsinken.

▷ Mit der zweiten Ausatmung lassen Sie Verspannungen am und im Kopf – vor allem um Ohren, Augen und Mund – los. Sie bemerken, daß sich damit die Haut am Schädel und um Ohren und Augen entspannt, und sich vielleicht sogar Ihr Mund leicht öffnet, weil der Unterkiefer mit der Entspannung etwas herabfällt.

▷ Mit der dritten Ausatmung lösen Sie Verkrampfungen im Brustraum. Damit ist eine unwillkürliche Öffnung des Brustraums im körperlichen und im metaphysischen Sinn verbunden.

▷ Halten Sie nun einfach 1 bis 2 Minuten stille, ohne etwas zu wollen, ohne an irgend etwas Spezielles zu denken, ohne Ihren Atem zu beobachten.

▷ Dann lenken Sie Ihre Aufmerksamkeit auf die Frage »Wo bin ich?«. Nacheinander spüren Sie einfach mit dieser Frage im Bewußtsein in die genannten Räume hinein und erfühlen, welche Energien Sie dort vorfinden, wenn Sie mit der Frage »Wo bin ich?« in diese Zonen hineingehen.

▷ »Wo bin ich? Bin ich in meinen Füßen?«

▷ »Wo bin ich? Bin ich in meinem Becken?«

▷ »Wo bin ich? Bin ich im Bauchraum?«

▷ »Wo bin ich? Bin ich im Brustraum?«

▷ »Wo bin ich? Bin ich im Herzraum?«

▷ »Wo bin ich? Bin ich im Kopf?«

▷ »Wo bin ich? Bin ich hinter den Augen?«

▷ »Wo bin ich? Bin ich unter der Schädeldecke?«

▷ »Wo bin ich? Bin ich über dem Kopf?«

▷ »Wo bin ich? Bin ich irgendwo außerhalb des Körpers?«

▷ Was empfinden Sie? Gibt es einen Raum, in dem Sie sich besonders vertraut fühlen? Spüren Sie, daß

Sie sich in mehr als einem Raum zu Hause fühlen? Gibt es einen Raum, in dem Sie sich weniger wohl als in den anderen fühlen?

▷ Haben Sie Empfindungen gehabt, als ob Sie schweben, als ob Sie außerhalb des Körpers in andere Ebenen eintreten, als ob Sie in neue Dimensionen geraten?

▷ Haben Sie sich dabei sicher oder ungewohnt oder eher etwas ängstlich gefühlt?

▷ Hat Sie Ihre Bewußtheit verändert, ausgeweitet, entgrenzt?

▷ Atmen Sie zum Abschluß der Übung dreimal ruhig und betont tief ein, und erinnern Sie sich, an welchem Platz sich Ihr Körper befindet, welche Tageszeit herrscht, welcher Teil des Alltags auf Ihr Tagesbewußtsein wartet.

Sie können sich die oben genannte Übung einprägen, und sie dann Schritt für Schritt durchführen. Besser noch bitten Sie einen Freund, sie Ihnen vorzulesen, oder Sie hören die auf Tonbandkassette gesprochene Version. Sie können Teile der Übung auch abändern, umstellen oder auslassen und sie so Ihren eigenen Bedürfnissen und Wünschen anpassen. Diese »Wo-bin-ich?«-Meditationsübung wird Ihnen auf jeden Fall erste unmittelbare Meditationserlebnisse eröffnen. Wahrscheinlich werden Sie auf Fragen von Freunden, was Sie denn erlebt haben, noch gar nicht viel verbal und rational benennen können und dennoch innerlich »wissen«, daß Sie transzendente Bewußtseinserfahrungen erleben durften, die Sie jenseits des normalen Tagesbewußtseins und über das übliche Körperbewußtsein hinaus getragen haben.

Ich möchte Ihnen gern an dieser Stelle zwei Hinweise auf mehr körperlich ausgerichtete sensible Erfahrungswege geben. Aus der Arbeit mit Divo Koeppen-Weber, der Begründerin der Alta-Major-Methode, habe ich schätzen gelernt, zur Einheit von geistiger und körperlicher Aufrichtigkeit und zur innen und außen natürlich aufrechten Haltung zu gelangen (siehe dazu: Divo Koeppen-Weber/Wulfing von Rohr, »Alta Major-Handbuch«). Bei der Alta-Major-Körpermeditation geht es im wesentlichen darum, sich zunächst ein inneres Bild davon zu machen, wer man ist, und wie man in der Welt auftreten möchte. Der nächste Schritt besteht darin, eine solche Körperhaltung von innen heraus anzunehmen, ohne äußere Manipulationen, chiropraktische Handgriffe oder Ähnliches, wie sie der eigenen idealen Vision am ehesten entspricht. Dadurch kommt es im Rückgrat zu einer natürlichen Aufrichtung und Stärkung bei gleichzeitiger Erdung des Körpers über die Füße. Der Brustraum öffnet und weitet sich, die Halswirbelsäule wird nach oben leicht gedehnt und der Kopf gelangt in seine ursprüngliche Haltung zurück, bei der die Augen nach vorn und nicht nach oben schauen, und der obere und hintere Teil des Kopfes wird leicht himmelwärts gestreckt.

Neben dieser wirksamen Methode liegen von Margo Anand Naslednikov Übungsanleitungen in Buchform, »Tantra – Die Kunst der Ekstase«, und als Übungskassetten vor (im Bauer-Tonprogramm), die anleiten, wie man geistige Vereinigung, gefühlhafte Erotik und körperliche Sexualität miteinander verbinden kann.

Beide Wege stellen keine Meditationsmethoden im klassischen Sinn dar, sind aber sehr hilfreich, um sich über psychosomatische Bewußtseinsaspekte klarer zu werden und um in bestimmten Sinnesfeldern wertvolle Erfahrungen zu gewinnen.

Klangmeditation

Was war am Anfang? Die Bibel nennt es das Wort, andere Religionen nennen es den leuchtenden Klang oder das tönende Licht. Pythagoras bezeichnete diese Urkraft als Musik der Sphären, Madame Blavatsky wählte den Begriff Stimme der Stille. Man findet in den mystischen Traditionen der Erde zahlreiche weitere Begriffe dafür. Sant Kirpal Singh, ein großer Meister aus Indien, gibt einen Überblick darüber in seinem Buch »Die Krone des Lebens«. Zu beidem, zum Klang und zum Licht, schlage ich Ihnen in diesem Abschnitt Übungen vor, um Ihre bewußte Wahrnehmungsfähigkeit dieser Ausdrucksformen der schöpferischen Urkraft weiter zu entwickeln. Eine erste Übung stellte ja die Einstimmung auf den verklingenden Ton eines Glases oder einer Zimbel im Abschnitt »Aufmerksamkeit lenken lernen« dar.

Übung:

**Am Anfang war das Wort*

▷ Dauer jeweils ca. 3 Minuten.

▷ Sinn der Übungen ist, daß Sie – auch und gerade wenn Sie meinen, unmusikalisch zu sein und nicht singen zu können – sich mit Ihrer eigenen Stimme anfreunden, daß Sie auf Tonschwingungen sensibler achten lernen, daß Sie Klang als Brücke zu anderen Bewußtseinsebenen kennenlernen.

▷ Die Übungen können zwar im Liegen oder Sitzen durchgeführt werden, ich empfehle Ihnen aber, lieber zu stehen.

▷ Stellen Sie sich aufrecht und »stolz«, aber gleichzeitig gelassen-entspannt hin. (Wir Zweibeiner unterscheiden uns von unseren Brüdern und Schwestern in Tiergestalt ja auch vor allem dadurch, daß wir den Kopf nicht zur Nahrungssuche oder zu Angriff oder Verteidigung zur Erde herabsenken, sondern ihn als Verbindung zwischen irdischer Materie und kosmischem Geist gen Himmel recken.) Die Füße stehen leicht auseinander, die Schultern sind gelockert.

▷ Sie atmen in der Vollatmung und ruhen vom Schwerpunkt her im Unterbauch, etwa zwei Finger breit unter dem Bauchnabel (im sogenannten Hara oder der »Erdmitte«).

▷ Schließen Sie die Augen. Als erstes summen Sie.

Fangen Sie in einer beliebigen Tonhöhe an zu summen. Sie können die Hände ineinandergelegt locker vor dem Bauch halten.

▷ Atmen Sie natürlich und ruhig, so wie es Ihrem eigenen Rhythmus entspricht, und ohne sich groß um die Atmung zu kümmern.

▷ Verändern Sie nun die Tonlage des Summens, sowohl nach oben wie nach unten. Beachten Sie während dessen, ob es bestimmte Tonschwingungen gibt, die Ihnen angenehmer sind als andere?

▷ Kehren Sie zu jener Summhöhe zurück, die Ihnen am liebsten ist. Versuchen Sie nun, den Impuls zum Summen nacheinander aus dem Bauchraum, aus dem Brustraum und aus dem Nasenraum ertönen zu lassen. Erst aus dem Bauchraum – halten Sie Ihre Hände mit den Handflächen auf den Bauch, dann aus dem Brustraum – jetzt spüren Sie mit den Handflächen Ihren Brustkorb, und schließlich aus dem Nasenraum, wobei Sie Ihre Hände locker an die Wangenknochen legen und so die Schwingungen direkt mitfühlen.

▷ Hat sich die Tonlage des Summens verändert, während Sie den Impuls zu lenken versucht haben? Hat Ihr Bewußtsein besondere Bilder, Gedanken oder Gefühle wahrgenommen?

▷ Wenn Sie das Bedürfnis dazu spüren, können Sie sich jetzt ein bißchen ausschütteln, bevor wir zum nächsten Teil der Übung kommen.

▷ Öffnen Sie die Augen und beginnen Sie, klar vernehmlich Ihren Vornamen zu singen (entweder den jetzt benutzten, oder den ursprünglich von den Eltern verliehenen). Genieren Sie sich nicht, singen Sie – nach beliebigen Harmonien – deutlich Ihren eigenen Vornamen. Schauen Sie auf die Uhr: Singen Sie mindestens 2 Minuten lang!

▷ Singen Sie weiter und stellen Sie fest, ob sich Ihr Selbstwertgefühl verändert, ob Sie sich am Anfang unbehaglich und jetzt vielleicht schon wohler fühlen?

▷ Singen Sie weiter Ihren Vornamen und nehmen Sie bewußt die darin enthaltenen Wohlklänge wahr, gerade dann, wenn Sie glauben, eigentlich unzufrieden mit Ihrem Namen zu sein.

▷ Wenn Sie mögen, schütteln Sie sich wieder aus, um etwaige Verkrampfungen zu lockern. Dann stellen Sie sich wieder in die Ausgangshaltung und schließen die Augen.

▷ Nun singen Sie in einer Ihnen angenehmen Tonlage die uralte kraftgeladene Silbe »*OM*« oder »*AUM*«. Differenzieren Sie dabei bewußt zwischen »Ooooooo« oder »Auauauauau« – diesem klaren, tiefen und runden Laut – und »mmmmmmm« – dem Summlaut, in dem das *OM* lange weich ausklingt und vibriert.

▷ Wenn Sie auf bestimmte Weise mit Ihrem Mund eine runde Höhle bilden und mit Kiefern und Lippen experimentieren, hören und spüren Sie mitunter Nach- und Zwischenklänge zur ersten Silbe, die Obertönen ähnlich sind oder gleichkommen.

▷ Spielen Sie mit diesen Klangveränderungen. Erspüren Sie, ob und welche Assoziationen mit verschiedenen Tönen verbunden sind, die Sie selbst jetzt erzeugen.

▷ Beenden Sie diese Klang- und Stimmübungen, indem Sie nun eine Minute lang das *OM* singen und dabei Ihre Arme leicht aufwärts geschwungen nach oben strecken, als ob Sie eine große runde Scheibe mit beiden Armen gerade halten könnten. Die Handflächen sind dabei zum Himmel hin geöffnet.

▷ Wie ist Ihr bewußtes Sein jetzt im Vergleich zum Beginn der Übung? Haben Sie neue Bewußtseinserfahrungen machen dürfen? Fühlen Sie sich jetzt weniger oder mehr in Verbindung mit vielleicht noch undefinierbaren Lebenskräften? Haben Sie gespürt, daß die Kraft der Klänge sich auch in Ihnen wohltuend und bewußtseinserweiternd entfalten können?

▷ Atmen Sie dreimal betont und ruhig ein und aus und öffnen Sie wieder die Augen. Kehren Sie wach in Ihre Umgebung und Ihren Alltag zurück. Nehmen Sie Freude, Dankbarkeit und frische Energien bewußt aus der Übung in Ihren Tag mit hinein.

Sie können auch selbst Übungen kreieren, indem Sie Tierlaute nachahmen und sich in die entsprechende Bewußtseinsebene einzulassen versuchen. Oder Sie schließen die Augen und machen eine akustische Visualisationsübung. Dabei stellen Sie sich vor, Himmelsmusik zu hören und nehmen innerlich ohne jedes Urteil wahr, welche Klänge oder auch welche Gefühle oder Bilder sich einstellen. Vielleicht fühlen Sie sich danach, selbst Engelsmusik zu spielen oder zu singen oder zu summen? Fassen Sie sich ein Herz, probieren Sie es aus!

Einige wenige Empfehlungen für Meditationsmusik – und ich bitte gleich all jene um Verzeihung, die genauso geeignete und schöne Musik geschaffen haben, aber hier nicht aufgeführt werden:

»Land of Enchantment« und andere Stücke von Deuter in der Edition Kuckuck (hoffentlich wird Deuter wieder einmal von Santa Fe nach Europa kommen, um auch hier Abende unter dem Motto »Musik und Meditation« zu gestalten, wie er es in Santa Fe macht. Wenn Sie Interesse daran haben, schicken Sie eine Postkarte an meine Kontaktadresse, die im Anhang vermerkt ist);

»Inside The Cathedral« und andere Stücke von Paul Horn in der Edition Kuckuck;

»Gesang der Natur« und »Klangfelder von Orten der Kraft« von Shantiprem, Bauer-Tonprogramm;

»Gesang des Lebens« von Jean-Claude Mara, Bauer-Tonprogramm;

»Panflöte und Orgel« von Zamfir und andere Stücke von ihm auf der Panflöte mit Orgelbegleitung.

Die begnadete Stimmlehrerin Ascentia hat ihren Körper 1990 verlassen. Aber mit Ernst-Joachim Berendt, Michael Vetter und Stefanie Wolf sind bekannte Stimm- und Lautlehrer tätig, die auch das Obertonsingen in ihre Arbeit einbezogen haben und Menschen helfen, Klang als Träger und Wesensaspekt von Bewußtsein zu erleben.

Darüber hinaus eignet sich ein Großteil klassischer Musik zur kontemplativen Einstimmung in die Meditation – barocke Stücke von Bach und Händel, Mozarts Musik, die so oft göttlich inspiriert scheint, Beethovens grandiose Klangbilder, aber auch Bruchs Violinkonzert, Schumanns Improvisationen, und gregorianische Gesänge und die berühmten bulgarischen Chöre. Wo sollte man anfangen, wo aufhören?

Für viele Menschen stellt Musik eine einzigartige Bewußtseinsbrücke von der materiellen zu den geistigen Welten dar. Töne, Klänge – was sind sie anderes, als bewegte Luft? Wir sehen die Schallwellen nicht, wir können sie nicht greifen, sie bestehen auch immer nur für kurze Zeit, und doch vermögen sie unser Herz anzurühren. Musik läßt uns weinen oder lachen, tanzen oder einschlafen, stimmt uns fröhlich oder besinnlich. Die Wirkung von Musik ist ein eindrucksvoller Beweis dafür, wie etwas sehr Feines, Subtiles und Ätherisches nachhaltige Wirkungen entfalten kann.

Im Sufismus finden wir die Verbindung von Klang und Bewegung in unnachahmlicher Weise im berühmten Wirbeltanz vereint. Vielleicht finden Sie einmal Gelegenheit, ab Mitte Dezember in Konya in der Türkei an den Zeremonien nach den Riten des Mevlana-Ordens teilzunehmen – ein unvergeßliches Erlebnis. Einen gewissen Vorgeschmack vermitteln bestimmte Kurse des Sufimeisters Pir Vilayat Khan, der auch immer wieder in der Schweiz und in Deutschland weilt. Übrigens kann es ganz interessant sein, die jeweils für einen selbst angenehme Drehrichtung herauszufinden. Man sagt, daß die Drehung nach rechts, also im Uhrzeigersinn, zu einer Abstrahlung von Energien führe, und damit zu einem Schutz vor Fremdbeeinflussung. Wenn man sich nach links, also gegen den Uhrzeigersinn dreht, öffne sich der Mensch für innere bzw. kosmische Energien von oben. Für mich trifft das zwar so zu, das muß aber für andere nicht stimmen. Meiner Frau Ingrid wird beim Drehen links herum sehr schnell schwindlig, was allerdings wiederum daran liegen kann, daß sie ohnehin sehr medial und offen für feinere Energien ist und somit noch mehr über das normale Körpergefühl herausgezogen wird.

Inzwischen sind auch Vertreter der modernen Naturwissenschaften dazu übergegangen, die Verhältnisse zwischen Energie und Materie, zwischen immateriellen Impulsen und meßbaren Ausdrucksformen, in der Sprache von Musik und Tanz zu beschreiben. Da heißt es, daß alle Materie eine Form von Energie sei, die auf der subatomaren Ebene einem wohlchoreographierten Tanz von Licht gleicht.

Licht- und Chakrameditationen

Licht und Ton sind zwei Aspekte ein und derselben Kraft. Es fällt uns, solange wir noch nicht völlig offen für feinste Bewußtseinsenergien sind, leichter, diese beiden Schwingungen zunächst getrennt voneinander wahrzunehmen.

Ich möchte an dieser Stelle zwei wirksame Meditationsanleitungen geben, die sich auf die Erfahrung der wichtigsten Kraftzentren oder »Chakras« im Körper beziehen und auf das Erleben des Energiefeldes um jeden Menschen, der »Aura«. Chakras und Aura sind Teil des unsichtbaren, aber fühlbaren Energiekörpers. So, wie Gefühle und Gedanken für unser Leben wirksam sein können, obwohl sie unsichtbar sind, ist auch der Energiekörper bedeutsam, weil in ihm körperliche, chemische, biologische und physikalische Kräfte, auch Erdstrahlen und elektromagnetische Felder, mit emotionalen, mentalen, seelischen, medialen und spirituellen Energien zusammentreffen. Wenn wir zumindest einige Aspekte dieses Energiekörpers sinnlich erfassen und kennenlernen, hilft uns das, unser bewußtes Sein wieder mehr als etwas zu begreifen, was nicht nur auf die uns bekannten körperlichen Dimensionen beschränkt bleiben muß.

Als Chakras bezeichnet man unsichtbare Kraftzentren im Menschen, die im Zusammenhang mit unserem Drüsensystem stehen und über psychosomatische Vorgänge angeregt oder blockiert, irritiert oder harmonisiert werden. Als wichtigste Chakras gelten:

- Das Wurzel- oder Basiszentrum, das im Energiekörper am Ende der Wirbelsäule, am Steißbein, angesiedelt ist. Es wirkt auf den grundlegenden Lebenswillen.
- Das Sakral- oder Sexualchakra liegt darüber, in Höhe der Geschlechtsorgane. Es reguliert die schöpferischen, nach außen gehenden Kräfte, nicht nur die sexuellen.
- Das Nabel- oder Solar-Plexus-Chakra fungiert als Ausdrucksfeld für das Ego, für unsere ichhaften Wünsche, Bedürfnisse, Persönlichkeitszüge.
- Das Herzchakra steht in Verbindung zu überpersönlichen Gefühlen, wie Liebe und Religion.
- Das Kehlkopfchakra hat mit der Fähigkeit zu tun, sich auszudrücken.
- Das Augenbrauen- oder Stirnchakra gilt als »Sitz der Seele«; von dort aus kann man in bestimmten Meditationsformen das Körperbewußtsein überschreiten.

- Der Bereich des Scheitelzentrums ist kein echtes Chakra im Sinne einer spezifischen Funktion, sondern die Widerspiegelung astraler Regionen innerhalb des Körpers.

Mehr über die Chakras und diese, für manchen Leser vielleicht neue Einordnung, im III. Hauptteil dieses Buches. Nun zu sechs Übungen, die alle dem gleichen Aufbau folgen.

Übung:

**Die Chakras*

▷ Dauer ca. 15–20 Minuten.

▷ Der Sinn dieser Übungen besteht darin zu spüren, daß es in unserem Energiekörper Verdichtungszonen gibt, durch welche unser Bewußtsein harmonisierend, stimulierend oder beruhigend wirken kann. Wir stellen fest, daß es subtile Energieprozesse gibt, die zwischen diesen Verdichtungszonen im Energiekörper und unserem physischen Körper ablaufen. Darüber hinaus vertiefen wir bereits zuvor erlangte Erfahrungen, daß Aufmerksamkeit willentlich gelenkt werden kann, und daß wir unser bewußtes Sein (fast) beliebig verlagern können.

▷ Sie führen die Übung im Sitzen oder im Liegen durch. Wenn Sie müde sind und sich aktivieren wollen, können Sie liegen. Wenn Sie relativ wach sind, und bewußtseinserweiternde Erfahrungen anstreben, sitzen Sie besser.

▷ Lassen Sie Ihren Körper entspannt und aufmerksam zugleich zur Ruhe kommen. Gönnen Sie sich am Beginn der Übungsfolge ein bis zwei Minuten Pause, Stille, Frieden.

▷ Wenden Sie Ihre Aufmerksamkeit nun nacheinander auf die körperlichen Entsprechungszonen für Chakras.

▷ Spüren Sie in und um den Bereich des Steißbeins hinein, also unterhalb des Sitzfleisches. Was sehen oder hören oder fühlen Sie dort? Dunkelheit, Licht, Kribbeln, etwas anderes?

▷ Stellen Sie sich vor, daß in dieser Zone eine dunkelrot glimmende, angenehm wärmende Glut neue Kraft und tiefes Vertrauen in Ihr Leben vermittelt.

▷ Verändert sich Ihr Gefühl in dieser Zone? Wenn ja, wie?

▷ Spüren Sie jetzt in den Beckenbereich. Was sehen oder hören oder fühlen Sie dort? Dunkelheit, Licht, Kribbeln, etwas anderes?

▷ Stellen Sie sich vor, daß in dieser Zone eine orangerote Sonne aufgeht, die Ihre schöpferischen Fähigkeiten anregt.

▷ Verändert sich Ihr Gefühl in dieser Zone? Wenn ja, wie?

▷ Spüren Sie danach in den Bauch, im Bereich des Solar Plexus. Was sehen oder hören oder fühlen Sie dort? Dunkelheit, Licht, Kribbeln, etwas anderes?

▷ Stellen Sie sich nun vor, daß diese Zone eine einzige grüne Wiese ist, ein leuchtendes Grün, das Gefühle beruhigt und harmonisiert.

▷ Verändert sich Ihr Gefühl in dieser Zone? Wenn ja, wie?

▷ Richten Sie Ihre Aufmerksamkeit nun in den Bereich des Brustraums, nicht auf das physische Herz, sondern in die Mitte, um das Brustbein herum. Was sehen oder hören oder fühlen Sie dort? Dunkelheit, Licht, Kribbeln, etwas anderes?

▷ Stellen Sie sich vor, daß in dieser Zone eine goldene Sonne aufgeht und Ihren Brustraum durchstrahlt, nach innen und außen zugleich. Diese Sonne sendet Schwingungen der Liebe.

▷ Verändert sich Ihr Gefühl in dieser Zone? Wenn ja, wie?

▷ Spüren Sie dann hinein in den Bereich des Halses und den Kehlkopf. Was sehen oder hören oder fühlen Sie dort? Dunkelheit, Licht, Kribbeln, etwas anderes?

▷ Stellen Sie sich nun vor, daß dort ein türkisblauer Edelstein funkelt, der mit seinen Strahlen in dieser Zone eine wunderbare Klarheit der Gedanken vermittelt.

▷ Verändert sich Ihr Gefühl in dieser Zone? Wenn ja, wie?

▷ Spüren Sie danach in den Bereich hinter der Stirn, zum sogenannten dritten Auge. Was sehen oder hören oder fühlen Sie dort? Dunkelheit, Licht, Kribbeln, etwas anderes?

▷ Blicken Sie mit geschlossenen Augen in die Mitte dessen, was *vor* und zwischen den Augenbrauen ist. Vielleicht hilft Ihnen die Vorstellung, daß Sie in einen funkelnd besternten dunkelblauen Nachthimmel schauen.

▷ Verändert sich Ihre innere Wahrnehmung, weitet sich Ihr innerer Blick? Sehen Sie Blitze, Lichtringe, oder andere Lichterscheinungen?

▷ Richten Sie nun Ihr Bewußtsein nach *oben*, auf die Mitte des Kopfes oder über den Kopf. Was sehen oder hören oder fühlen Sie dort? Dunkelheit, Licht, etwas anderes?

▷ Öffnen Sie sich für ein strahlendes weißes Licht, das über Ihren Kopf in Sie hinein und durch Sie hindurchflutet.

▷ Verändert sich Ihre Befindlichkeit? Sind Sie derselbe Mensch wie zu Beginn der Übung? Oder hat sich irgend etwas verändert? Hat sich Ihr bewußtes Sein verändert?

▷ Beenden Sie die Übung mit einem dreimaligen vertieften Einatmen, während Sie sich wieder dem Ort Ihres Körpers zuwenden und der Umwelt, in der Sie sich befinden. Atmen Sie lieber ein paarmal mehr und tiefer durch, um wieder ganz im Hier und Jetzt zu sein!

Als Vorbereitung für Leser und Leserinnen, die mit der Existenz der Aura noch keine eigenen praktischen Erfahrungen gemacht haben, bitte ich Sie, eine kleine Vorübung zu machen:

Setzen oder stellen Sie sich bequem hin. Halten Sie Ihre beiden Hände mit den Handflächen zueinander im Abstand von ca. 10 Zentimetern von Brust oder Bauch, die Arme dabei leicht nach vorn gestreckt. Spüren Sie Wärme, Kribbeln, Ziehen, Elektrisieren? Bewegen Sie Ihre Hände leicht und rhythmisch aufeinander zu und voneinander fort. Lassen Sie Ihre Hände dann wie zueinander kreisen – immer in einem gewissen Abstand voneinander, so daß sich die Hände nicht berühren. Fahren Sie danach mit den Fingerspitzen der einen Hand auf und ab, dicht gegenüber den Fingerspitzen der anderen Hand. Die meisten Menschen spüren ein deutliches Kribbeln oder Ziehen dabei. Mit dieser Übung »begreifen« wir eine Schicht der Aura, nämlich das elektromagnetische Feld des Körpers.

Man unterscheidet eine ganze Reihe weiterer Auraschichten. Manche Menschen, wie Lea Sanders oder Ingrid S. Kraaz, sehen Licht und Farben um Menschen herum. Andere, wie Chris Griscom mir sagte, spüren eher das Energiefeld.

Sie kennen sicher auch das Gefühl, daß es Ihnen bei manchen Menschen angenehm ist, auf »Tuchfühlung« zu kommen, während Sie bei anderen am liebsten einen »Sicherheitsabstand« von einem halben Meter aufrecht erhalten. Auch das ist ein Hinweis auf die Aura, nämlich darauf, ob ihre Energien miteinander harmonieren oder nicht, und ihre individuelle Funktion als Abstandsweiser. Manche Leser und Leserinnen werden vermutlich auch schon Erfahrungen gemacht haben, wie ich sie kenne: Ich gehe irgendwo entlang und sehe einen Menschen (oder ein Tier), der offensichtlich krank ist oder leidet. Sei es, daß jemand humpelt, einen Arm im Gips trägt, oder Schicksalsleid ausstrahlt. Mich durchzuckt es immer wieder mal in solchen Situationen wie von einem Blitz, aber nicht innerhalb des Körpers, sondern außerhalb! Entweder von der Höhe des Steißbeins an abwärts oder von den Knien an abwärts erlebe ich einen »Stromstoß« im Energiekörper, völlig gleich, ob ich den betreffenden Menschen voller »Mitleid« oder ganz neutral oder auch desinteressiert wahrgenommen habe. Ich hatte solche Erlebnisse von Kindesbeinen an; sie legten mir schon damals nahe, daß es offensichtlich so etwas wie einen »zweiten« Körper um den physischen Körper »herum« geben mußte. Nun zur Aurameditation.

Übung:

Die Aura

▷ Dauer ca. 5–10 Minuten.

▷ Der Sinn der Übung ist, daß Sie sensibel werden für die Ihnen entsprechende Form der Wahrnehmung des feinen Energiekörpers um den Menschen.

▷ Am besten machen Sie diese Übung die ersten paar Male im Liegen, um sich wirklich damit vertraut zu machen. Danach wird die Übung Ihnen auch im Sitzen oder Gehen ganz leicht fallen. Vielleicht führen Sie die Übung später auch in der Sonne stehend durch, auf einem Berg oder in einer Wiese, unter einem Baum oder am Wasser.

▷ Lockern Sie zu enge Kleidung, schließen Sie die Augen.

▷ Halten Sie Ihre Hände im Abstand von etwa 5 bis 10 Zentimetern über Ihrem Bauch, so, daß sich die Hände nicht berühren und die Handflächen zum Körper zeigen. »Ertasten« Sie nun den Abstand, in dem Sie einen deutlichen »Widerstand« von der Körperausstrahlung her gegen Ihre Handflächen spüren. Fahren Sie mit den Händen weiter nach oben, so daß Sie über Ihrem Brustraum ebenfalls ertasten, wo der Abstand der Körperausstrahlung sich dort befindet. Am Schluß gehen Sie weiter über Ihr Gesicht und Ihren Kopf, um auch hier zu erfühlen, in welcher Entfernung über der Haut Sie ein Kribbeln oder eine Wärme empfinden, die wirkt, als ob die Handflächen ab da wie magnetisch »abgestoßen« werden.

▷ Nun legen Sie Ihre Hände bequem seitlich an den Körper und atmen dreimal tief und ruhig aus. Danach lassen Sie Ihre Atmung ganz im eigenen natürlichen Rhythmus weiterfließen.

▷ Stellen Sie sich jetzt vor, daß Sie von einem klaren silbrigen oder goldenen Licht erfüllt werden, das beginnt, auf *alle* Zellen Ihres Körpers auszustrahlen.

▷ Spüren Sie, wie Ihr Körper heller wird, leichter, energiereicher?

▷ Sie beobachten, wie diese Energie Sie in wohltuender Weise ganz erfüllt, und wie diese Energie aus allen Poren als harmonische, positive Ausstrahlung auch über die Begrenzung der Haut, den Raum um den Körper herum, durchstrahlt und dann Ihren gesamten Energiekörper erhellt, auflädt, leuchten läßt.

▷ Manche Menschen sehen mit den inneren Augen,

manche sogar mit den physischen Augen, dabei einen Lichtschimmer um den Körper. Andere spüren mehr die Schwingungen. Öffnen Sie sich hellwach, sensibel und ohne jede Erwartung für Ihre eigene Wahrnehmungsweise.

▷ Wie fühlen Sie sich jetzt? Nehmen Sie jetzt wieder behutsam Ihre Hände mit den Handflächen nach unten, und streichen Sie sanft in einem gewissen Abstand vom Bauch aus über den Brustraum zu Ihrem Gesicht und über den Kopf. Ist der Abstand, in dem Sie einen »Widerstand« spüren, gleich geblieben oder größer geworden? Fühlt sich die Ausstrahlung Ihres Körpers gleich oder anders an? Weiter? Klarer? Leichter? Energiegeladener? Speichern Sie ganz bewußt die »Er-Innerung« an diese Erfahrung in jeder Körperzelle. So wissen Sie, wie Sie sich zu gegebener Zeit immer wieder von neuem von innen her selbst »aufladen« können.

▷ Beenden Sie die Übung langsam, indem Sie einige Male tief einatmen und bewußt in den Körper zurückkommen. Stellen Sie sich wieder ganz auf den jeweiligen Tagesabschnitt und Ihre Umweltsituation ein.

Meditation und Duft

Mit in den Bereich der feinen Übergänge zwischen Materie und Geist gehören harmonische, beruhigende, klärende, anregende, inspirierende Düfte. Der sensible Aromatherapeut und Autor Erich Keller (»Das Handbuch der ätherischen Öle«, Goldmann) beschreibt in seinem neuesten Buch »Duft und Gemüt« (Herbst 1991 bei Fischer, Schweiz) unter dem Stichwort »Wurzeln und Flügel für die Seele«, wie wir mit der Hilfe von ätherischen Düften unsere Meditationen unterstützen können. Er ist so freundlich, Ihnen einige wichtige Hinweise zu den Eigenschaften und Wirkungen bestimmter Duftöle auch in diesem Buch mitzuteilen:

Amber:	Vater der Düfte, Ruhe in der Meditation
Blaue Kamille:	Öffnung für kosmische Energien
Iris:	Seelenkontakt
Myrte:	Klarheit und Reinheit
Myrrhe:	Frieden und Wärme
Rose:	Mutter der Düfte, Liebe und Mitgefühl
Sandelholz:	Wurzel und Flügel, Sexualität und Bewußtsein
Wacholder:	Klarheit und Wachheit
Weihrauch:	Bewußtseinserweiterung und Friede

Benutzen Sie die Duftöle in einer sparsamen Aromalampe, wie sie schon in vielen Geschäften zu kaufen sind; Sie können sich aber auch Hautöle mischen.

Es gibt auch ätherische Düfte, die wir in der Meditation wahrnehmen, die nicht von dieser Welt sind. Möglicherweise haben Sie, wenn Sie bereits einige Zeit meditieren, auch die Erfahrung gemacht, daß Sie sich mit einem Male von einem unergründlichen lieblichen Duft umfächelt fühlen. Vielleicht haben Sie dann Ihre Augen geöffnet, sich erstaunt umgeschaut und genauso, wie es mir häufiger passiert, feststellen müssen, daß weder ein Räucherstäbchen glimmt noch ein Aromalämpchen brennt, und auch die Fenster dicht geschlossen sind. Es ist eine in Indien wohlbekannte Meditationserscheinung, daß sich als Vorboten von höheren Dimensionen charakteristische Wohlgerüche vermeintlich aus dem Nichts ausbreiten.

Christliche Meditationen und das Herzensgebet

»Kontemplation, das heißt die innere Sammlung zur Vereinigung mit Gott, ist weder bloße Tätigkeit des Menschen, noch ein nur vorübergehender Zustand. Da sie es vermag, sein ganzes Wesen zu durchdringen, ist sie ein Weg zum ewigen Leben und zur seinsmäßigen Erkenntnis Gottes (Joj. 17,3). Diese zu erlangen, ist die eigentliche Berufung des Menschen – die Sinnerfüllung seines Daseins.« (Zitiert aus: Alfons Rosenberg [Hg.], »Die Meditation des Herzensgebets«.)

Natürlich ist auch den christlichen Mystikern, also den Praktikern der Religion, der Rückverbindung, die sich nicht um dogmatisch-theologische Belange geschert haben, von den Essenern und frühen Gnostikern über die Mystikerinnen des Mittelalters bis zur stigmatisierten Therese von Konnersreuth und zahlreichen unbekannten Nonnen, Mönchen und Laien, Kontemplation, Meditation und die »unio mystica«, die heilige Einheitserfahrung zwischen Mensch, Schöpfung und Gott, nichts Fremdes geblieben.

Eine wirksame Methode des christlichen Herzensgebets besteht darin, die Worte »Herz Jesu, ich vertraue auf Dich« oder »Herz Mariens, ich vertraue auf Dich« wie ein Mantram zu wiederholen. Die Wirksamkeit von Meditationen mit Worten liegt in deren Einfachheit und ihrer häufigen Wiederholung. Je kraftgeladener solche Worte sind, desto wirksamer. Sie können aufgeladen werden durch die Kraft, mit der ein Meister solche Silben »lädt«; aber auch Jahrhunderte oder Jahrtausende alte Übung solcher Worte lädt sie auf. Aus dem Buddhismus ist zum Beispiel »Om mani padme hum« auf diese doppelte Weise geladen – durch den Segen Buddhas und durch den Gebrauch dieses Mantrams von Millionen von Menschen durch ein ganzes Zeitalter. In ähnlicher Weise sind auch christliche Herzensgebete voller Kraft. Sie sind gesegnet durch den Geist Christi, werden verstärkt durch den liebevollen und dankbaren Gebrauch durch hunderttausende Gläubige, und wir selbst können diese Herzensgebete und uns selbst heiligen = heilen durch unsere innige Hingebung an Schwingung und Sinn dieser kontemplativen inneren Bitten. Übrigens wird in alten Manualen empfohlen, diese Herzensgebete an den Rhythmus des Atems zu koppeln. In anderen heißt es, daß man sich vom Kopf ins (physische) Herz zurückziehen solle. Sicher ist, daß auch diese Form der Meditation erhebend und durchgeistigend wirken kann. Wie über eine fromme Begeisterung und gefühlhaft-religiöse Stimmung hinaus christliche kontemplative Einsichten lauten, haben Meister Eckehart und Angelus Silesius in höchster Vollendung auf eine Weise formuliert, die mir auch heute noch gültig und höchst zeitgemäß erscheint. Als Anregung für Ihre Meditationen möchte ich einige Aussprüche zitieren: »Alles was der göttlichen Natur eigen ist, das ist auch ganz dem gerechten und göttlichen Menschen eigen. Darum wirkt solch ein Mensch auch alles, was Gott wirkt: Er hat zusammen mit Gott Himmel und Erde geschaffen; er ist Zeuger des ewigen Wortes, und Gott wüßte ohne einen solchen Menschen nichts zu tun.« Dieses Wort aus »Vom Wunder der Seele« von Meister Eckehart macht deutlich, warum die Stellung verwirklichter Menschen, sogenannter Heiliger und Meister, so herausgehoben ist. Sie sind eins mit Gott geworden, sie wissen und erfahren sich als eins, und ohne sie kann Gott allein – seinem/ihrem Wesen nach unsichtbar, ungreifbar, unvorstellbar, unsagbar – auf der Erde nichts wirken.

»Alles, was Gott Vater seinem eingeborenen Sohn in der menschlichen Natur gegeben hat, das hat er völlig auch mir gegeben. Hiervon nehme ich nichts aus, weder die Einung noch die Heiligkeit; sondern er hat mir alles ebenso gegeben wie ihm.« Ein zweites Zitat aus derselben Quelle. Kein Wunder, daß bei solchen Redensarten und Überzeugungen, schlimmer noch, bei solchen offensichtlich auch erlebten Einheitserfahrungen es der institutionalisierten Kirche zu bunt wurde und die Bulle von 1329 diese und andere Sätze Meister Eckeharts verurteilte. Er war es auch, der sagen konnte: »Es sei denn, daß Christi in mir geboren wird, so wäre es, als ob er nie geboren wäre.« Der Auftrag zur wahren Religion, zum unmittelbaren Erlebnis der völligen Einheit von Schöpferkraft, Schöpfungsprozeß und Geschöpfen wird also explizit vorgetragen. Über das Leben in der Welt wird sein treffender Satz überliefert: »Seid in der Welt, nicht von der Welt.« Zum Schluß möchte ich noch eine Passage zitieren aus einer Predigt von Meister Eckehart über die wahre Armut, welche gleichsam Sinn und Notwendigkeit der Innenschau, der Wendung des Bewußtseins nach innen vermittels Meditation begründet. Das Zitat stammt aus »Deutsche Predigten und Traktate« (siehe Literaturverzeichnis).

»Was ich meiner Geborenheit nach bin, das wird sterben und zunichte werden, denn es ist sterblich; darum muß es mit der Zeit verderben. In meiner (ewigen) Geburt wurden alle Dinge geboren, und ich war Ursache meiner selbst und aller Dinge; und hätte ich gewollt, so wäre weder ich noch wären alle Dinge; wäre ich aber nicht, so wäre auch ›Gott‹ nicht: Daß Gott ›Gott‹ ist, dafür bin ich die Ursache; wäre ich nicht, so wäre Gott nicht ›Gott‹. Dies zu wissen ist nicht not.« (Meister Eckehart, »Deutsche Predigten und Traktate«, S. 162.)

Mit dem letzten Satz weist Meister Eckehart darauf hin, daß diese Erkenntnisse Ergebnisse einer »unio mystica« sind, die zur Seligkeit der Menschen, die das (noch) nicht nachvollziehen können, nicht unbedingt notwendig sind.

Er fährt fort: »Ein großer Meister sagt, daß sein Durchbrechen edler sei als sein Ausfließen, und das ist wahr. Als ich aus Gott floß, da sprachen alle Dinge: Gott ist. Dies aber kann mich nicht selig machen, denn hierbei erkenne ich mich als Kreatur. In dem Durchbrechen aber, wo ich ledig stehe meines eigenen Willens und des Willens Gottes und aller seiner Werke und Gottes selber, da bin ich über allen Kreaturen und bin weder ›Gott‹ noch Kreatur, bin vielmehr, was ich war und was ich bleiben werde jetzt und immerfort. Da empfange ich einen Aufschwung, der mich bringen soll über alle Engel. In diesem Aufschwung empfange ich so großen Reichtum, daß Gott mir nicht genug sein kann mit allem dem, was er als ›Gott‹ ist, und mit allen seinen göttlichen Werken; denn mir wird in diesem Durchbrechen zuteil, daß ich und Gott eins sind. Da bin ich, was ich war, und da nehme ich weder ab noch zu, denn ich bin da eine unbewegliche Ursache, die alle Dinge bewegt. Allhier findet Gott keine Stätte (mehr) in dem Menschen, denn der Mensch erringt mit *dieser* Armut, was er ewig gewesen ist und immerfort bleiben wird. Allhier ist Gott eins mit dem Geiste, und das ist die eigentliche Armut, die man finden kann. Wer diese Rede nicht versteht, der bekümmere sein Herz nicht damit. Denn solange der Mensch dieser Wahrheit nicht gleicht, so lange wird er diese Rede nicht verstehen. Denn es ist eine unverhüllte Wahrheit, die da gekommen ist aus dem Herzen Gottes unmittelbar. Daß wir so leben mögen, daß wir es ewig erfahren, dazu helfe uns Gott. Amen.«

Unverstellte Worte, die uns zum höchsten Meditationserleben herausfordern: jenem, über die Einheit unseres Wesens mit Gott. Sieben Zweizeiler aus dem »Cherubinischen Wandersmann« von Angelus Silesius sollen diesen Abschnitt über christliche Meditationswege beschließen. Sie eignen sich als Merksätze und Anstöße zur Vertiefung von Meditation.

»Mensch, geh nur in dich selbst! Denn nach dem Stein der Weisen darf man nicht allererst in fremde Lande reisen.«

»Wenn du denkst, Gott zu schau'n, bild dir nichts Sinnlich's ein! Das Schau'n wird inner uns, nicht außerhalb uns sein.«

»Es kann in Ewigkeit kein Ton so lieblich sein, als wenn des Menschen Herz mit Gott stimmt überein.«

»Das Licht der Herrlichkeit scheint mitten in der Nacht. Wer kann es seh'n? Ein Herz, das Augen, das Augen hat und wacht.«

»Wer seine Sinne hat ins Innere gebracht, der hört, was man nicht red't, und siehet in der Nacht.«

»Die Lieb' ist's schnellste Ding, sie kann für sich allein in einem Augenblick im höchsten Himmel sein.«

»Du reisest, vielerlei zu seh'n und auszuspäh'n. Hast du nicht Gott erblickt, so hast du nichts geseh'n.«

Meditation ist innere Wahrnehmung mit den unbegrenzten Fähigkeiten der Seele, über die Beschränkung der Sinnesorgane hinaus. Meditation erwartet nichts und macht sich keine Vor-Stellungen, sondern läßt sich ein in das, was in uns ist und was wir sind. Liebe – Liebe zum Leben, zur Schöpfung, zur Schöpferkraft, zu uns selbst! – hilft uns voran auf dem Weg zur Selbsterkenntnis und Einheitserfahrung als intellektuelle Erwägungen. Ramana Maharshi, Vivekananda, Lao Tse und viele andere Weise des Ostens sagen mit ihren Worten und Lehren nichts anderes als die wahren Mystiker aus der christlichen Tradition. Sowohl das persönlich gemeinte Herzensgebet des »Herz Jesu, ich vertraue auf Dich« oder »Herz Mariens, ich vertraue auf Dich«, als auch die hoch emporfliegenden Kontemplationen Meister Eckeharts oder Angelus Silesius' weisen von unterschiedlichen Ausgangspunkten aus auf dasselbe: Schöpfer, Schöpfung und Selbst sind eins.

Eine gegenständliche Visualisationsübung soll einen Ausgleich zu diesen hohen mystischen Ausflügen und Einsichten darstellen.

Schamanistische Praktiken

Seit Carlos Castanedas Büchern über Begegnungen mit Don Juan auf den Mesas Mexikos, seit Lynn Andrews Berichten über schamanistische Rituale mit nordamerikanischen Indianern, seit Sun Bears Medizinradarbeit und Oscar Ichazos Arica-Lehre hat sich das Bewußtsein suchender Menschen im Westen auch für Erfahrungs- und Entwicklungswege der indianischen Schamanen geöffnet. Damit wurde eine Art Ergänzung geschaffen zur zeitweise modischen Ausrichtung nach Asien und der traditionellen Verwurzelung in europäischen – keltischen und christlichen – Mustern. Zu den stärksten durchbruchartigen Erlebnissen im indianischen Schamanismus gehört der »Vision Quest«, die nur von Instinkt, Intuition und kosmischen Kräften gesteuerte Suche nach dem wahren eigenen Namen bzw. der inneren Kraftquelle. Der Name verkörpert sowohl die Identität des suchenden Menschen als auch seine Aufgabe in diesem Leben. Die Kraftquelle, die durch ein Krafttier offenbart wird, kann zur Inspiration für ein erfüllteres Leben werden. Wesentliche Hilfen auf diesem Weg geben Geisthelfer aus dem Tierreich, eben Tiere der Kraft. Die Tiere verkörpern Urkräfte, die in uns bereits angelegt sind, die wir aber wieder bewußt kennen und anwenden lernen müssen.

Gayan S. Winter, eine europäische Schamanin, die lange Zeit auch in Asien und auf Hawaii lebte und arbeitete, hat jetzt im »Land of Enchantment«, dem Land des Zaubers von Neu-Mexiko, eine neuartige Form des Vision Quests entwikkelt. Ihre Arbeit mit Geisthelfern aus dem Tierreich öffnet einen unmittelbaren, spektakulären Zugang zum innersten Kern unseres Seins *im Körper*! Gayan zeigt, wie wir durch den Kontakt zu unserem »Power Animal«, zum Krafttier, unglaubliche Kraftreserven aktivieren und erleben können. Für dieses Buch stellt Gayan eine Kurzfassung einer Übungsanleitung zur Verfügung:

Übung:

Vision Quest: Begegnung mit den Geisthelfern aus dem Tierreich

▷ Dauer der Übung ca. 15–20 Minuten.
▷ Der Sinn der Übung besteht darin, dem ureigenen Krafttier zu begegnen und daraus tieferen Sinn und neue Energien für das Leben zu schöpfen.
▷ Sie führen die Übung am besten im Liegen durch. Wer nicht liegen kann, macht sie in einem bequemen Sessel.
▷ Die Übung beginnt mit einer Tiefenentspannung, die von den Füßen beginnend nach oben führt. Dabei empfindet man, wie man in allen Körperteilen und Muskeln losläßt, einsinkt in die Unterlage von Bett

oder Sessel, nach und nach schwerer wird, und man *nichts* selber zu tun hat.

▷ Sie werden nicht mit Zählen oder anderen Techniken aus dem Körper herausgeführt, sondern in Ihr (Unter-/Über-)Bewußtsein hinein.

▷ Stellen Sie sich vor, daß Sie am Eingang zu einem herrlichen Tal stehen. Sie gehen langsam hinein. Sie sehen Bäume und Gräser, wie sie im Winde wehen. Sie fühlen den Wind auf Ihrer Haut wie eine sanft streichelnde Brise. Sie spüren Kiesel oder Sand unter Ihren Füßen, über Ihnen wölbt sich ein unendlicher tiefblauer Himmel.

▷ Sie gehen langsam weiter und sehen in einiger Entfernung vor sich magische Felsformationen. Darin entdecken Sie jetzt einen Höhleneingang, der Sie wundersam anzieht. Ihr Körper bewegt sich wie von selbst auf diese Höhle hin. Sie empfinden etwas wie eine Vorfreude und innere Gelöstheit erwachen. Mit jedem Schritt lassen Sie Altes, Belastendes, Vergangenes, Vorurteile, Blockaden und verbrauchte Energien hinter sich.

▷ Mit jedem Schritt nach vorn zur Höhle atmen Sie bewußt frischen Mut, neues Vertrauen und unvoreingenommene Klarheit ein.

▷ Sie gelangen zum Eingang der Höhle und setzen sich dort nieder, wo es Ihnen am wohlsten ist. Sie können mit den Händen über den Boden streichen und so erfühlen, wo sich »Ihr« Platz befindet – dort nämlich, wo Sie in den Fingerspitzen ein angenehmes Kribbeln oder wohltuende Wärme wahrnehmen.

▷ Mittlerweile haben sich draußen am Himmel Gewitterwolken zusammengebraut, aus denen Blitze, Donner und Platzregenergüsse herniederprasseln. Sie reinigen nicht nur die Atmosphäre, sondern auch Ihren Energiekörper. Sie schauen dem Regen entweder zu oder stellen sich mitten hinein.

▷ Gewitter und Regen hören auf – aber Sie spüren, daß sich eine neue Energie ankündigt. Diese unsichtbare, liebevolle und kraftausstrahlende Energie verdichtet sich und kommt Ihnen näher. Spüren Sie, aus welcher Richtung? Öffnen Sie sich dafür, daß sich aus dieser Energieverdichtung jetzt Ihr Krafttier manifestiert.

▷ Lassen Sie sich auf diese harmonische und freundliche Energie Ihres Krafttiers ein, ganz gleich, in welcher Form es sich zeigt. Nehmen Sie vertrauensvollen Augenkontakt auf, kommen Sie sich beide näher.

▷ Spüren Sie gegenseitig in sich hinein – lassen Sie sich auf den Wesenskern des jeweils anderen ein – das heißt, Sie tauchen hinein in die Urkraft dieses Geisthelfers aus dem Tierreich, und Sie öffnen sich auch dafür, daß Ihr Krafttier Ihnen ins Herz blicken darf.

▷ Aus Ihrem Herzen steigt nun die wichtigste Lebensfrage für diese Begegnung auf. Bitten Sie Ihr Krafttier, darauf ein Zeichen oder eine Antwort zu geben, die Sie verstehen können. Lassen Sie sich Zeit, Antworten zu erfahren.

▷ Nehmen Sie die Antwort tief in sich auf, lassen Sie sich von der Schwingung der Antwort in jeder Zelle erfüllen, verankern Sie die Energie des Krafttiers in sich. (In der Langfassung der Übung folgt hier eine Passage, in der das Krafttier dem Menschen das Geschenk macht, ihn mit sich zu nehmen in seine Welt und ihn durch seine Sinne die Welt wahrnehmen zu lassen.)

▷ Sie sind jetzt wieder in Ihrer urwüchsigen Lebensenergie so verwurzelt, daß Sie diese auch in Ihrem Alltag jederzeit erschließen und nutzen können. Nehmen Sie nun liebevoll Abschied von Ihrem Krafttier und bedanken Sie sich für sein Geschenk.

▷ Lenken Sie nun Ihre Aufmerksamkeit wieder mehr auf Ihren Körper, der auf dem Bett liegt oder im Sessel sitzt. Atmen Sie einige Male tief und ruhig durch, vergegenwärtigen Sie sich Ihre hiesige Umwelt, öffnen Sie die Augen, wenn Sie soweit sind.

Gayan S. Winter bietet auch spezielle Kurse in Neu-Mexiko an (siehe Hinweise im Anhang).

Meditation über das Horoskop

Fast jeder Mensch kennt das Tierkreiszeichen, unter dem er geboren ist. Viele haben sich auch ernsthaft mit Astrologie beschäftigt und besitzen ein Horoskop. Sie kennen daher auch Sonne, Mond und acht Planeten, verschiedene Aspekte als Kraftlinien zwischen den Himmelslichtern und zwölf Häuser als wichtigste Faktoren neben den zwölf Tierkreiszeichen. Neben der astrologisch-psychologischen und esoterischen Interpretation gibt es auch die Annäherungsform von Meditationsgedanken zu diesen Faktoren im Horoskop. Ich kann an dieser Stelle nicht im einzelnen auf Astrologie und Horoskopdeutung eingehen – wenn Sie mehr darüber wissen wollen, empfehle ich Ihnen die beiden Taschenbücher von Bernd A. Mertz »Grundlagen der klassischen Astrologie« und »Das Goldmann-Handbuch der Astrologie«. Dennoch möchte ich den astrologisch Interessierten Schlüsselworte zur Meditation über Elemente des Horoskops anbieten.

Die »Technik« der Meditation ist für diesen Abschnitt, sowie für die beiden folgenden über *I Ging* und über *Tarot* die gleiche; sie ist sehr einfach.

Übung:

Einstimmung auf Qualitäten im Horoskop

▷ Dauer pro Begriff ca. 3–5 Minuten.

▷ Sie setzen oder legen sich entspannt und gleichzeitig wach nieder; zu enge Kleidungsstücke lockern Sie.

▷ Sie entscheiden sich, in welcher Körperzone es Ihnen am leichtesten fällt bzw. es Ihnen am angenehmsten ist, die Qualität oder die Energie oder die Ausstrahlung eines Begriffs zu erfassen bzw. zu erfühlen. Das kann der Bauchraum sein oder der Brustraum, der Kopfbereich oder sogar eine Zone vor bzw. über dem Körper.

▷ Sie atmen dreimal vertieft und ruhig aus. Dann richten Sie Ihre Aufmerksamkeit auf den zuvor gewählten Begriff bzw. die Verknüpfung zweier oder dreier Begriffe. (Sie finden Beispiele für solche Verknüpfungen bei den weiter unten aufgeführten Schlüsselworten.)

▷ Nun lenken Sie Ihr Bewußtsein in die Ihnen angenehme Körperzone (oder, wenn Sie wollen, in ein bestimmtes Chakra) und nehmen den Begriff ebenfalls mit dort hinein. Spüren Sie dann – gefühlhaft, körperlich-sinnlich, intuitiv – welche Energien dieser Begriff bzw. die Begriffsverknüpfung dort auslöst. Es kann Anspannung oder Entspannung sein, Dunkelheit oder Licht, Wärme oder Kühle; Bilder können aufsteigen, Farben, Symbole, Muster. Die Fülle innerer Wahrnehmungen kann hier nur angedeutet werden.

▷ Lassen Sie sich ohne Vorurteile einfach auf die Spiegelung von Energien in der dafür gewählten Körperzone ein, und öffnen Sie sich für gedankliche Assoziationen zu diesen Energien, welche Antworten auf momentan wichtige Lebensfragen im Zusammenhang mit diesen Begriffen besitzen.

▷ Sie beenden die Übung, indem Sie dreimal vertieft einatmen und sich Ihrer gegenwärtigen Umweltsituation bewußt zuwenden, so daß Sie wieder ganz im Hier und Jetzt sind.

Zunächst zu den Tierkreiszeichen. Ich unterscheide zwischen Schlüsselworten, die ein Motto bezeichnen, jenen, die eher eine »Herausforderung« darstellen, solchen, die eine natürliche »Gabe« bedeuten, und schließlich Begriffen, die »Sinn« andeuten.

Tierkreiszeichen:	Motto – Herausforderung – Gabe – Sinn
Widder:	Ich will – Wille – Substanz – Bewußtheit
Stier:	Ich fühle – Anstrengung – Form – Selbstbestätigung
Zwillinge:	Ich bin bereit – Gemeinschaft – Möglichkeiten – Personale Sicherheit
Krebs:	Ich empfinde – Wachstum durch Polaritäten – Bedürfnisse – Personale Integration

Löwe:	Ich bin – Selbstausdruck – Impulsivität – Schöpferischer Ausdruck von individuellem Sinn
Jungfrau:	Ich denke nach und voraus – Unterscheidung – Assimilationsfähigkeit – Emotionale Orientierung
Waage:	Ich liebe – Idealismus – Aussonderung – Individuelle Anteilnahme an Ganzheiten
Skorpion:	Ich kämpfe – Unmittelbare Auseinandersetzung – Orientierung – Transzendenz
Schütze:	Ich führe – Abstraktion – Umsetzungsfähigkeiten – Expansion
Steinbock:	Ich prüfe – Soziale Einbindung – Charisma – Soziale Integration
Wassermann:	Ich hoffe – Sozialer Ausdruck – Methodik – Soziale Lösungen
Fische:	Ich glaube – Neuorientierung – Zielbestimmung – Selbsterlösung

Diese Aufstellung orientiert sich an Bernd A. Mertz' »Grundlagen der klassischen Astrologie«, Vorschlägen von Michael R. Meyer aus »A Handbook for the Humanistic Astrologer« und an John C. Lillys Überlegungen zu den Tierkreiszeichen in »Das Zentrum des Zyklon« (siehe Literaturverzeichnis).

Wir kommen nun zur Übersicht der Himmelslichter und den Schlüsselworten zu ihren Kräften:

Sonne:	Persönlichkeit, Selbst, Leben
Mond:	Gefühl, Seele, Reflektion
Merkur:	Austausch, Intellekt
Venus:	Liebe, Harmoniebedürfnis
Mars:	Instinkt, Kraft
Jupiter:	Entwicklung durch Erweiterung
Saturn:	Entwicklung durch Konzentration
Uranus:	Freiheit des Ichs, plötzliche Veränderung
Neptun:	Freiheit vom Ich, unmerkliche Veränderung
Pluto:	überpersönliche Kräfte, transpersonale Veränderung

Als Abschluß Schlüsselworte zu den Hauptaspekten. Aspekte im Horoskop geben die Verhältnisse und besonderen Bedingungen an, unter denen die Kräfte der Planeten untereinander und in Beziehung auf die Tierkreiszeichen wirken. Ich möchte Sie gern einladen, mit Partnern diese Aspekte »nachzustellen«, sich also so zueinander hinzustellen, wie es diese Aspekte nahelegen.

Konjunktion

Umgang mit unmittelbarer Nähe. Zwei oder mehr Kräfte stehen sozusagen Schulter an Schulter. Das geht gut und dient der Kraftverstärkung, wenn diese Kräfte miteinander harmonieren, wenn die Aura kompatibel ist. Sonst wird man kaum auf Tuchfühlung stehen wollen.

Opposition

Notwendigkeit zur Auseinandersetzung. Sie sitzen im Zugabteil. Ihnen genau gegenüber sitzt ein anderer Mensch. Sie müssen sich wenigstens anschauen, sich zunicken. Sie können den anderen Menschen nicht ignorieren. Die Opposition ist eine genaue Gegenüberstellung von zwei oder mehr Energien, die entweder auf eine Umarmung, ein Tauziehen oder im schlechtesten Fall auf ein Hauen und Stechen hinausläuft.

Trigon

Schöpferische Kräfte können fließen. Drei oder mehr Kräfte stehen so zueinander, daß ihre Standorte ein gleichschenkliges Dreieck beschreiben. Wenn Sie sich zu dritt einmal so aufstellen, werden Sie schnell merken, daß der Zwang zum Gegenseitigen-in-die-Augen-Schauen der Oppostion hier nicht gegeben ist, sondern Sie leicht und »unverbindlicher« den Blick mal nach links und mal nach rechts zum jeweils dort stehenden Partner wenden können.

Quadrat

Konstruktive Spannung. Von vier oder mehr Energien kreuzen sich jeweils zwei genau in einer Opposition, während ihr Verhältnis zu diesen beiden jeweils links und rechts einen rechten Winkel bildet. Daraus entsteht ein Spannungsverhältnis, das *nicht* negativ sein muß, sondern vielmehr erst die konstruktiven Kräfte freisetzt, die notwendig sind, um etwas von Dauer zu schaffen.

Sie können nun in der Horoskopmeditation immer nur einen Begriff verwenden, Sie können aber auch sinnvoll kombinieren. Nehmen wir an, daß Ihr Mond im Zwilling steht, und er ein Quadrat zum Mars in der Jungfrau hat. Dann sehen die Meditationsschritte zum Beispiel folgendermaßen aus:

Mond = Gefühl, Seele; Zwillinge = Motto »Ich bin bereit« – also »Ich bin seelisch bereit für Gefühle«.
Mars = Instinkt, Kraft; Jungfrau = Motto »Ich denke nach und voraus« – also »Ich überlege instinktiv meinen Krafteinsatz. Quadrat = konstruktive Spannung.

Die Zusammenfassung eines Kernsatzes für die Meditation könnte demnach lauten: »Wie finde ich einen Ausgleich zwischen meinem Wunsch nach Gefühlserlebnissen und meiner instinkthaften Vorsicht vor übereiltem Krafteinsatz dafür?«

Nach diesem Muster können Sie sich selbst je nach Ihrer persönlichen Situation Impulse heraussuchen, die sich sowohl aus Ihrem Horoskop (und dem eines Partners) ergeben, als auch aus Ihrer derzeitigen Lebenseinstellung.

Meditation, Lebenskraft aus der Mitte, bedeutet in bezug auf unser Horoskop: Erkennen wir wertfrei die Kräfte, die uns und andere Menschen innerlich und äußerlich bewegen. Suchen wir den ruhenden Pol in der Mitte des Horoskops, von dem aus wir die Kräfte zwar noch erleben, aber nicht mehr von ihnen zerstreut oder zerrissen werden.

Meditation über das I Ging – Die acht Grund-Hexagramme

Nach demselben Prinzip funktionieren die I-Ging-Meditationen. Sie deuten das geworfene Zeichen, das ja bekanntlich aus zwei Trigrammen (Drei-Strichen) gebildet wird, die ein Hexagramm (Sechs-Striche) ergeben, nicht nur intellektuell, sondern nehmen die beiden Grundelemente der beiden Trigramme hinein in die Meditation, in eine Ihnen wohltuende Körperzone oder in das Chakra, das sich für Sie bewährt hat. Der Ablauf der Meditation ist der gleiche, wie er zu Beginn des Abschnitts über Horoskopmeditation notiert wurde.

䷀ *Kiën (1.)* = Himmel, König, (Geist) Führer, Vater, das nach außen drängende schöpferische Prinzip, Yang-Energie, das Schöpferische

䷁ *Kun (2.)* = Erde, Königin, (Geist) Führerin, Mutter, das im Inneren aktive schöpferische Prinzip, Yin-Energie, das Empfangende

䷜ *Kan (29.)* = Wasser, Gefahr, das Unergründliche

䷝ *Li (30.)* = Feuer, Sonne, Herrlichkeit, Veränderung, das Haftende

䷲ *Dschen (51.)* = Donner, Erschütterung, das Erregende

䷳ *Gen (52.)* = Berg, Selbstbeherrschung, das Stillehalten

䷸ *Sun (57.)* = Wind, Holz, das Durchdringende

䷹ *Dui (58.)* = See, Glück, Schönheit, das Heitere

Wenn Sie also zum Beispiel das Hexagramm 18, *GU*, »Die Arbeit am Verdorbenen« geworfen haben, können Sie sich einmal nur auf die beiden Trigramme und ihre Schlüsselworte einstellen, statt die mehr oder weniger positiven Deutungen zu lesen. Denn die Trigramme sind und bleiben die Urkräfte des Hexagramms und damit der symbolischen Antwort, die Sie gesucht haben. Berg oben, Wind unten – Selbstbeherrschung und Stillehalten über dem langsamen und stetigen Durchdringen, wie es ein aus der Erde zum Himmel wachsendes Holz seinem Wesen nach erlebt. Nach meiner Erfahrung bringen eine kontemplative Betrachtung oder meditative Versenkung über und in diese Begriffspaare und die sich daraus ergebenden intuitiven Assoziationen mehr Einsichten als die oft doch recht subjektiven apodiktischen Interpretationen. Wenn Sie die Energien der Archetypen, die in den acht Grundtrigrammen zum Ausdruck kommen, in sich wirken lassen, werden Sie sehr viel persönlichere und genauere Erkenntnisse gewinnen.

Meditation über den Tarot – 22 archetypische Schritte zur Individuation

Neben Astrologie und I Ging ist Tarot eine dritte populäre Methode, die normalerweise zur Selbsterkenntnis, als Lebenshilfe, zur Zukunftsdeutung oder auch zum Wahrsagen benutzt wird. Sie kennen möglicherweise die beiden bekanntesten Tarotkartenspiele, das »Rider-Waite« und das »Crowley«. Beide zeigen unter anderem stark magisch-mittelalterliche, düstere und esoterisch-mystische Symbole und Bilder. Da wimmelt es nur so von Sensenmännern und Teufeln, von Gehängten und Verarmten, von Leidenden und Gefährdeten. Auch ihre Bezeichnungen eignen sich – zumindest für Anfänger – nicht gerade als psychologisch einfühlsame Hilfen zur Selbsterkenntnis und Lebenshilfe. Zusammen mit Gayan S. Winter und Marcia Perry habe ich moderne Bezeichnungen und Bilddarstellungen für alle 78 Karten des Tarots entwikkelt, unter dem Namen »Tarot der Liebe« (siehe Literaturverzeichnis). Wir haben auch einen Videokurs entwickelt, in dem die jeweiligen Besonderheiten und Vorzüge verschiedener Tarotkarten, sowie wichtige und interessante Legemethoden und Beispiele medialer und rationaler Deutungen – auch ohne die Frage zu kennen! – gezeigt werden.

Die für die Meditation geeigneten Namen der 22 großen Arkanen stelle ich Ihnen jetzt vor. Sie meditieren mit diesen Begriffen für die 22 Archetypen so, daß sie diese Schlüsselworte mit in die oben unter dem Titel »Meditationen über das Horoskop« aufgeführte Übung hineinnehmen. Dazu wählen

Sie am besten nur die eine oder höchstens die zwei Tarotkarten aus, die in Ihrem Auslegungssystem am strategisch wichtigsten Platz liegen, bzw. für Sie die größte Herausforderung darstellen. Im »Keltischen Kreuz« zum Beispiel Karte 1 – Kern der Frage, oder 2 – wichtigster Einfluß, oder 7 – Ich-Bild, oder 10 – Ergebnis. Wir haben für Begriffe wie Kaiserin, Papst, Der Siegeswagen, Eremit, Der Gehängte bzw. Der Gehenkte, Tod und Teufel neue, moderne, konstruktive Begriffe gefunden; auch das unbegründete Übergewicht männlicher Figuren wurde korrigiert.

0 – *Die Narren* = Anfang und Ende unserer irdischen Reise; entweder sind wir sorglos-unbeschwert-naiv oder wir haben bereits Höhen und Tiefen durchmessen sowie Ego und Konventionen losgelassen. Meditationswort: *Freiheit.*

1 – *Der Magier* = Wir erfreuen uns an der ersten sichtbaren Handhabung von Kräften; wir experimentieren mit unseren schöpferischen Fähigkeiten. Meditationswort: *Wirkende Kraft.*

2 – *Die Hohepriesterin* = Fähigkeit der Innenschau; sich für unsichtbare Kräfte öffnen. Meditationswort: *Innere Energie.*

3 – *Die Urmutter* = schöpferisch fließende Kräfte, Liebe zu irdischen Geschöpfen. Meditationswort: *Gebären.*

4 – *Der Urvater* = schützende, ordnende Kräfte, Liebe für himmlische Ideale. Meditationswort: *Zeugen.*

5 – *Der Meister* = geistige Führung, Öffnung für Einheit und Ganzheit der Schöpfung. Meditationswort: *Wer bin ich?*

6 – *Die Liebenden* = Begegnung und innige Verbindung mit einem anderen Menschen. Meditationswort: *Öffnung.*

7 – *Das Gefährt* = Soziale Verantwortung in der Gemeinschaft, Interessenausgleich. Meditationswort: *Zielbestimmung.*

8 – *Der Ausgleich* = Bilanz ziehen, Urteile und Erfahrungen bewerten. Meditationswort: *Dem Leben gerecht werden.*

9 – *Die Suchenden* = Rückbesinnung nach innen, Suche nach neuem Sinn. Meditationswort: *Innenschau.*

10 – *Das Schicksalsrad* = Das zyklische Werden und Vergehen irdischer Formen und Erscheinungen. Meditationswort: *Wandel.*

11 – *Der Höhepunkt* = Zustreben auf irdische Fülle, sanfte Beherrschung der Lebensumstände. Meditationswort: *Anima.*

12 – *Kopfüber* = Gewohnte Gesichtspunkte werden (un-?) freiwillig aufgegeben. Meditationswort: *Selbstvertrauen.*

13 – *Verwandlung* = Auflösung nicht mehr entwicklungsfähiger Formen, Muster und Lebensweisen. Meditationswort: *Neubeginn.*

14 – *Das Maß* = Ausgleich spiritueller, emotional-mentaler und körperlicher Energie. Meditationswort: *Ganzheitlichkeit.*

15 – *Die Verstrickung* = Prüfung, wo wir noch in ungelöste Probleme verwoben sind. Meditationswort: *Selbsterkenntnis.*

16 – *Der Blitz* = Plötzliche, scheinbar von außen kommende Veränderungen im Leben. Meditationswort: *Karma.*

17 – *Der Stern* = Fähigkeit, sich für höhere harmonische Schwingungen zu öffnen. Meditationswort: *Zuversicht.*
18 – *Der Mond* = Intuitive oder mediale Öffnung für höhere Dimensionen des Lebens. Meditationswort: *Sehnsucht.*
19 – *Die Sonne* = Irdisches Glück, Erfüllung von Lebenswünschen. Meditationswort: *Intelligente Kreativität.*
20 – *Der Ruf* = Chance oder Notwendigkeit zur geistigen Neuorientierung. Meditationswort: *Wiedergeburt.*
21 – *Die Schöpfung* = Idealvorstellung von Ganzheitlichkeit, Einheitserleben. Meditationswort: *Ich bin. Tat Vam Asi.*

Im Abschnitt über »Meditation über den Tod« finden Sie noch einen Vorschlag, wie man sich mit Tarotkarten diesem Thema leichter öffnen kann.

Meditationen über die Mutter Erde

Das Gaia-Konzept (Mutter-Erde-Konzept) wird Ihnen wahrscheinlich ein Begriff sein. Danach ist unser (ehemals) blau-grüner Planet Erde ein individuelles Wesen mit einer eigenen Intelligenz und einem eigenen Lebensplan. Wir sind nur Gäste dieses Wesens, die sich vorübergehend hier aufhalten. Dementsprechend tragen wir einerseits Verantwortung dafür, uns auf eine Weise, wie sie Gästen zukommt, im Lebensraum der Erde zu verhalten. Andererseits öffnet das Gaia-Konzept die Chance, auf die Erde zu hören, sie als bewußt agierende Lehrerin zu betrachten, die uns Wesentliches mitzuteilen hat. Gibt es im Weltall einerseits »tote« Materie und andererseits »lebendigen« Geist? Oder ist eine solche Sichtweise, die in Polaritäten und Gegensätzen denkt, fühlt und handelt überholt und unangemessen, schlicht realitätsfern? Ist möglicherweise alles irgendwie, wenn auch unsichtbar, belebt – weil aus *einem* Bewußtsein entstanden? Ist die Schöpfung »Zufall» oder »Absicht«? Wenn alles dem Prinzip von Ursache und Wirkung zu folgen scheint, stellt unser Leben und sein Ur-Sinn dann die eine große Ausnahme dar? Der von mir gerade eben benutzte Computer hat eine Ursache, sogar viele Ursachen. Menschen hatten die Ideen dazu, andere hatten Geldmittel und Organisationstalent, um eine Computerfirma zu gründen, wieder andere besaßen die technische und handwerkliche Intelligenz zum Bau. Der Computer ist also nicht »zufällig« da, sondern aufgrund absichtsvoll bewirkter Ursachen. Ist das menschliche Leben absichtslos und ohne Ursache? Ist unser bewußtes Sein = unser Bewußtsein ohne Grund? Kommt Licht aus dem Dunkel, Liebe aus Haß, Bewußtsein aus dem Nichts?

Meine Antwort kennen Sie. Damit wird Ihre Frage und Ihre Suche und Ihre Antwort nicht vorweggenommen. Sie sind für sich tatsächlich der Nabel der Welt, denn nur, was Sie selbst verwirklichen, können Sie sein. In diesem Sinne vermögen wir uns gegenseitig zu helfen, uns immer wieder an die Grundfragen des menschlichen Seins zu erinnern und an Wege, zu überzeugenden und tragfähigen Antworten zu gelangen. Und auch in diesem Sinne sind wir vielleicht bereit, die Schöpfung selbst als Er-Innerung an innerste Lebenskräfte aufzufassen.

Das Raumschiff Erde trägt uns durch den schier unendlichen Weltenraum. Mit unvorstellbar hoher Geschwindigkeit rast unser ganzes Sonnensystem in einer Bahn um das sogenannte galaktische Zentrum. All dies ohne Sinn? All dies zufällig? Gaia ist uns Raumschiff und symbolische Mutter zugleich. Die Zyklen von Werden, Wachsen und Vergehen sind in Makrokosmos und Mikrokosmos sehr ähnlich. Es gibt Menschen, welche die intelligenten Kräfte der Erde spüren. Andere sehen ihre Aura. Dritte versuchen unsere verwundete Erde mit verschiedenen spirituellen und physischen Mitteln zu heilen. Mediale Menschen vernehmen so etwas wie Botschaften der Erde. Diese Botschaften wirken häufig wie kristallisiert, klar und deutlich, an Orten der Kraft.

Meditation an Orten der Kraft

Der Ganges und der deutsche Wald, Chartres und Santiago de Compostela, Stonehenge und Chaco Canyon, die Externsteine und der Brocken – überall, auch in unserer nächsten Umgebung finden wir besondere Orte der Kraft. Diese Orte strahlen entweder wirkungsvolle Erdkräfte aus oder vibrieren mit hohen kosmischen Energien, die von Mystikern, Heiligen oder Himmelswesen stammen. Meditationen an diesen Orten bringen oft unerwartete Einblicke in geistige Dimensionen und wesentliche Durchbrüche zu neuen Erkenntnissen. Nicht jeder alte Ort der Kraft ist allerdings heute noch so aufgeladen wie zu seiner Entstehungszeit. Massenzivilisation, Umweltverschmutzung, Raubbau an der Erde und gedankenloser Tourismus tragen ihren Teil zur Entwertung bzw. Zerstörung solcher Plätze bei.

Meditation bedeutet nicht nur Harmonie und Bewußtseinserweiterung für den Meditierenden, sondern auch neue Lebenskraft für seine Umwelt und seine Umgebung. In diesem Sinn kann Meditation an Orten der Kraft auch dazu beitragen, daß die Ausstrahlung dieser Plätze bewahrt wird.

Wie meditiert man am besten an solchen Orten? Ich möchte Ihnen die wichtigsten Hinweise in Form von Stichworten geben und Sie ermuntern zu experimentieren!

Stichworte zur Übung

- Nehmen Sie sich genug Zeit, wenn Sie zu einem Ort der Kraft kommen.
- Kommen Sie möglichst unvoreingenommen, ohne den Ballast geschichtlicher, kunsthistorischer, religiöser oder mythischer Wissensbrocken. Wichtig ist, was Sie heute und hier wirklich selbst spüren und erleben können, nicht, was andere tatsächlich oder angeblich früher hier erfahren haben mögen.
- Sie können natürlich eine Ihnen gewohnte Meditationsform ausführen und ganz wach wahrnehmen, welche Impulse Sie an diesem Platz erhalten, und wie sich die Ergebnisse von Ihren sonstigen Meditationserfahrungen unterscheiden.
- Oder Sie lassen sich auf eine ganz andere Art der Öffnung für die besonderen Energien des jeweiligen Kraftortes ein. Dazu gehören:

- Tasten Sie mit geschlossenen Händen über die Mauern des Gebäudes oder die Steine eines Naturdenkmals.
- Umarmen Sie Bäume, die an einem herausgehobenen Platz stehen.
- Pendeln oder muten Sie positive und negative Zonen und Linien aus, und suchen Sie sich danach den für Sie geeignetsten Platz zur Meditation aus.
- Beten oder bitten Sie in einer Ihnen vertrauten Form zum »Geist« dieses Ortes bzw. zu den Kräften, die dort herrschen, Ihnen nützliche, positive und erhebende Einsichten zu vermitteln. Was sind Ihre persönlichen Aufgaben, was sind planetarische Notwendigkeiten? Blanche Merz hat darauf hingewiesen, daß es so etwas wie die »Seele eines Ortes« gibt, mit der man in Verbindung treten kann.
- Vielleicht möchten Sie sich auch einfach still hinsetzen, und vor Ihrem inneren, geistigen Auge – ohne etwas Bestimmtes zu wollen oder zu erwarten – Bilder und Botschaften aus alten Tagen aufsteigen lassen, die Ihnen Aufschluß geben darüber, was an diesem Ort der Kraft passierte. Warum wurde er errichtet oder wofür wurde er genutzt? Welche Rituale oder Zeremonien wurden durchgeführt? Wer nahm daran teil? Und welchen Sinn hat dieser Ort für Menschen heute?
- Vollmond- und Neumondtage bzw. -nächte öffnen uns gut für subtile Energien. Zahlreiche Orte der Kraft sind nach kosmischen Gesetzen entstanden bzw. gebaut, und somit sind ihre Kräfte an manchen Tagen im Jahr stärker spürbar als an anderen. Zu diesen besonderen Tagen gehören die Frühlings- und Herbst-Tagundnachtgleichen, die Sommer- und Wintersonnenwenden, die »Rauhnächte« zwi-

schen Weihnachten und Heilige Drei Könige, der Maivollmond als Tag der Fruchtbarkeit und das Erntedankfest im Herbst als Tag der Ernte. Bekanntlich hat auch der vermeintlich christliche Kalender viele »heidnische« (= von Erdkräften stark energetisierte) Feiertage übernommen und mit eigenen Namen versehen.

- Wenn solche Bilderfolgen in Ihnen emporsteigen, seien Sie nicht überrascht, wenn Sie sich darin auch selbst in der einen oder anderen Gestalt wiedererkennen. Es ist eine wohlbekannte esoterische Tatsache, daß Personen und Orte, die uns in diesem Leben wichtig sind, in früheren Leben oder in anderen Bewußtseinsdimensionen – wie Sie wollen – bereits eine Rolle für uns gespielt haben.

Ein Beispiel dafür hat meine Frau Ingrid, die sehr medial ist, kürzlich erlebt. Auf einem Gut in einem Dorf bei Weilheim sollte sie für eine Patientin geopathische Störzonen muten. Sie wollte sich auf die dort herrschenden besonderen Schwingungszustände bewußt und sensibel einstellen. In der Küche des Haupthauses machte sich plötzlich eine irgendwie andersartige Kraft bemerkbar. Gleichzeitig stiegen in ihr innere Bilder auf. Ingrid sah ein keltisches Kreuz mit einer Art Marienfigur darauf und einen unterirdischen Brunnen, sowie uralte Metallmünzen. Sie »sah«, daß hier früher ein heiliger Platz der Kelten bestand, der von Christen »umfunktioniert« und dessen Kräfte dann für christliche Zwecke angewandt wurde. Als Ursache der Störzone stellte sich, unabhängig, ein unterirdisches Gewölbe heraus. Der Gutsverwalter sagte später, daß ein anderer Rutengänger bei einer früheren Begehung eine fast identische »Vision« erlebt hatte und sie aufgezeichnet hatte. In der folgenden Nacht erfuhr meine Frau »Durchgaben« aus keltischen Zeiten in der Form von rhythmischen Versen. Diese erwiesen sich bei späteren Recherchen als authentische verschlüsselte Angaben über Rituale und Schätze an einer unterirdischen Grabstelle neben einer Heilquelle. Solche oder ähnliche Erlebnisse können andere medial offene Menschen sicher vielfach bestätigen.

Mehr über Meditationen an Orten der Kraft und den Umgang mit Kräften erfahren Sie aus den Berichten und Vorträgen zum Kongreß der Basler PSI-Tage »Orte der Kraft – Kräfte des Lebens«, die in einer Sonderausgabe erschienen sind und eine Fülle von praktischen Einzelinformationen enthalten (Fischer, Münsingen, Schweiz). Eine der bedeutendsten und erfolgreichsten Forscherinnen auf diesem Gebiet, Blanche Merz aus der Schweiz, hat in ihrem Standardwerk »Orte der Kraft« wichtige Ergebnisse zu diesem Thema vorgelegt. Auch die Reiseführerreihe »Magisch Reisen« bringt im Taschenbuchformat für inzwischen mehr als acht Länder – Deutschland, Nordamerika, Ägypten, Griechenland, Türkei, Frankreich, Indien und Nordspanien – ausführliche Hinweise auf Orte der Kraft (siehe Literaturverzeichnis).

Meditationen mit Engeln und Naturgeistern

Wenn man an Orten der Kraft die Seele des Ortes zu erfassen sucht, wird man unweigerlich früher oder später auch auf Wesen treffen, die zwar nicht direkt materiell-körperlich sind und doch eine ganz eigenständige Individualität besitzen. Die christliche Mystik kennt Engel und Erzengel, die angerufen werden können und als Mittler göttlicher Kraft und göttlichen Willens fungieren. Aus Findhorn sind die Begegnungen mit Devas und Naturgeistern bekannt; nicht umsonst kennen unsere Volkssagen Feen, Elfen und Elementarwesen. Aus Berichten von Mystikern wissen wir von Engeln und anderen Himmelswesen – man denke an die Schriften von Dante, Jacob Böhme, Swedenborg und Lorber, aber auch aus den Beschreibungen von Teresa von Avila oder Hildegard von Bingen. Viele sogenannte Channels berichten, daß sich durch sie Himmelswesen meldeten – was ich persönlich fast immer bezweifle. Ich meine, daß sich da zumeist Schichten des eigenen Bewußtseins unter anderem Namen melden. Auf »böse« bzw. »negative« Geister, Schattenwesen und unerlöste Seelen Verstorbener gehe ich an dieser Stelle nicht ein; dieses Thema wird im Abschnitt über Meditationsschwierigkeiten behandelt. Im deutschsprachigen Raum ragt die Biologin und Universalforscherin Dr. Sigrid Lechner-Knecht als kenntnisreichste Wissenschaftlerin auf diesem Gebiet heraus. Sie hat in ihrem Buch »Die Hüter der Elemente« Erlebnisse mit Geistwesen aus aller Welt zusammengetragen und unterscheidet u. a. zwischen »Blumenfeen, Elfen, Nixen, Zwergen, Wasser-, Feuer- und Baumgeistern, Riesen . . .« (siehe Literaturverzeichnis). Sie zitiert dort Goethes Auffassung zur rechten Naturbetrachtung:

»Müsset im Naturbetrachten
immer eins wie alles achten.
Nichts ist drinnen, nichts ist draußen,
denn, was innen ist, ist außen.
So ergreifet ohne Säumnis
heilig öffentlich Geheimnis.
Freuet euch des wahren Scheins,
auch des ernsten Spieles:
Kein Lebendiger ist Eins,
immer ist's ein Vieles.«

Für mich bedeutet dieses Zitat sowohl Zauberspruch wie Meditationsanleitung. Ich hoffe, daß auch Sie damit »arbeiten« können. Die Wunderwelt geistiger Wesen hält einen besonderen poetischen Zauber bereit, den viele Menschen, vor allem als Kinder, immer noch in der unberührten Natur auch bloßen Auges wahrnehmen dürfen.

Bei aller Öffnung für solche geistigen Dimensionen dürfen wir unsere irdisch-materiellen Aufgaben nicht vernachlässigen. Für mich ist die meditative Einstimmung auf über-irdische Ebenen keine Flucht vor Verantwortung, sondern Teil der »Zurückgewinnung des Paradieses« einer umfassenden Ganzheitlichkeit. Lassen Sie uns träumen *und* denken, lassen Sie uns konstruieren *und* meditieren, lassen Sie uns das Leben in der Welt genießen *und* uns im ewigen Leben zuhause wissen.

Eine der großartigsten Persönlichkeiten, denen ich begegnen durfte, ist der Elsässer Dr. Robert Muller, der frühere beigeordnete Generalsekretär der Vereinten Nationen und jetzige Rektor der ersten und einzigen Friedensuniversität dieser Erde, in Costa Rica. Robert Muller, der in vierzig Jahren Arbeit in der UNO für die Erde und ihre Menschen den Ruf als »globaler Optimist« erwarb, lebt vor, wie Politik und Mystik, Friedensutopien und soziale Wirtschaftshilfe, Bildungsideale und positive persönliche Lebensführung miteinander zu verbinden sind. Im Sammelband über den Basler Kongreß »Orte der Kraft – Kräfte des Lebens« (siehe Literaturverzeichnis) finden Sie einen wichtigen Beitrag von ihm zum Thema dieses Kapitels.

Zum Abschluß dieses II. Hauptteils möchte ich aus Robert Mullers Buch »Dialoge der Hoffnung« das Kapitel »Mein Traum 2000« zitieren. Dieser Traum ist auch eine Art Visualisation, Konzentration und Meditation, je nachdem, mit welcher Zuwendung, Sammlung und Offenheit er verinnerlicht wird.

»Mein Traum 2000«

Ich träume
Daß am 1. Januar 2000
Die ganze Welt stille stehen wird
Im Gebet, in Ehrfurcht und in Dankbarkeit
Für unsere wunderbare, himmlische Erde
Und für das Wunder des menschlichen Lebens.

Ich träume
Daß jung und alt, reich und arm,
Schwarz und weiß,
Völker aus dem Norden und dem Süden,
Aus dem Osten und dem Westen,
Aus allen Glaubensrichtungen und Kulturen
Sich die Hände reichen und Geist und Herzen verbinden werden
In einer noch nie dagewesenen, universellen
Zweitausendjahrfeier des Lebens.
Ich träume
Daß das Jahr 2000
Von den Vereinten Nationen
Zum Weltjahr des Danks erklärt wird.
Ich träume
Daß während des Jahrs 2000
Unzählige Feiern und Anlässe
Überall auf dem Erdball stattfinden werden,
Um die lange Wegstrecke zu ermessen, die von der
Menschheit
zurückgelegt wurde,
Um unsere Fehler zu studieren,
Und um die Errungenschaften zu planen,
Die noch zu vollenden sind
Damit die Gattung Mensch voll erblüht
In Frieden, Gerechtigkeit und Glück.
Ich träume
Daß die wenigen verbleibenden Jahre
Bis zur Jahrtausendwende
Von allen Menschen, Nationen und Institutionen

Dem beispiellosen Nachdenken, der Tat,
Der Inspiration, der Erhebung,
Der Absicht und der Liebe gewidmet werden,
Um unsere verbleibenden Probleme zu lösen
Und eine friedfertige, vereinte menschliche Familie
Auf der Erde zu werden.
Ich träume
Daß das dritte Jahrtausend
Zum ersten
Jahrtausend des Friedens
Erklärt und gemacht werden wird.«

Wir haben einen Bogen geschlagen vom Atmen zum Träumen, vom Persönlichen zum Globalen, vom gefühlhaften Wünschen zur meditativen Gewißheit, vom Kleinen zum Großen, von der Seele zu Gott.

Die Worte Robert Mullers stellen einen ebensolchen Bogen oder eine Brücke dar: von der Theorie zur Praxis des Lebens. Diese Praxis des Lebens, die Irdisches, Himmlisches, Menschliches und Göttliches verbindet, nannte Sant Darshan Singh, ein indischer Mystiker, Politiker, Sozialarbeiter und Meditationslehrer, der sich mit Robert Muller an der UNO in New York traf, *Positive Mystik*. Davon handelt der nächste Teil.

III.
Positive Mystik

Meditation zur Lösung von Problemen

Ein väterlicher Freund, der inzwischen gestorben ist, Hans-Joachim von Goertzke, pflegte zu sagen: »Wir können die Probleme nicht lösen – wir können nur uns von den Problemen lösen.« Das klingt ähnlich wie Meister Eckeharts Wort: »Seid in der Welt, seid nicht von der Welt.« Wo liegt die goldene Mitte zwischen irdischer Verantwortung und geistiger Gelassenheit? Wenn Meditation als Lebenskraft aus der Mitte sich nicht auch bei der Lösung von Problemen bewähren würde, wäre sie ja nur etwas für die Sonntage im Leben. Aber gerade bei der Bewältigung von Problemen zeigt sich der Wert eines Lebens aus der Mitte. Wir können Themen und Probleme nur dann lösen, wenn wir uns über sie erheben, bzw. aus ihren »Klauen« befreien. Eine jeweils höhere, übergeordnete, transparentere Bewußtseinsebene ist notwendig, um darunter, in dichteren Ebenen liegende Themen zu verstehen und zu behandeln. Darin liegt ja der tragische Irrtum eines Großteils der Psychologie: Gemüt und Verstand können keine Probleme lösen, die von Gemüt und Verstand geschaffen wurden. Nur Intuition, Inspiration und Spiritualität vermögen dies. Meditation ist ein (der?) Weg, um solche höheren Bewußtseinsebenen zu verwirklichen, daß wir Probleme sehen und behandeln können.

Es ist, als ob wir mitten im Dschungel stecken und zwar eine Karte in der Hand haben, aber keinerlei Übersicht, um aus der Karte Nutzen ziehen zu können. Meditation hilft uns, wie von einem Hügel, oder sogar eher einem Freiluftballon aus, das Gelände frei zu überblicken und dann anhand der

Karte die richtigen Wege zu erkennen, wieder aus dem Dschungel herauszufinden.

Wundern wir uns allerdings nicht, wenn die Meditation oft genug nicht die Probleme auf mirakulöse Art einfach auflöst, sondern wir Einsichten gewinnen, warum und wie wir selbst uns verändern, also einen weiteren Aspekt unserer Ichhaftigkeit auflösen müssen.

Bei Meditationen als Hilfe zur Problemlösung gibt es verschiedene, deutlich abgrenzbare Stufen.

- Die erste Stufe ist die Problembeschreibung, am besten *vor* der Meditation, am besten in einem einzigen Satz schriftlich!
- Die zweite Stufe ist die Erkenntnis, was das Wesen des Problems ist. Dabei geht es mehr um die »Schwingung« als um eine intellektuelle detaillierte Problemerkenntnis.
- Die dritte Stufe ist die Besinnung darauf, was diese Schwingung für uns bedeutet, was sie auslöst, und wie wir darauf reagieren.
- Die vierte Stufe ist die Besinnung darauf, welche Schwingung wir gern hätten, mit welcher Schwingung des Themas wir gut würden umgehen können.
- Die fünfte Stufe ist die Öffnung für innere Einsichten, wie wir ab jetzt mit dem Thema umgehen wollen – *gleich*, welche Antwort oder Entwicklung oder Lösung sich *egal* zu welcher Zeit ergeben wird.
- Die sechste und letzte Stufe ist die Lösung *vom* Thema, die verantwortungsbereite Aufgabe an höhere Kräfte.

Eine geführte Meditation könnte folgenden Ablauf haben:

Übung:

Meditation zur Problemlösung

▷ Dauer ca. 10 Minuten.

▷ Nehmen Sie sich *maximal* 2 Minuten Zeit, um das Problem oder Thema in einen einzigen Satz zu fassen und aufzuschreiben. (Vielleicht entdecken Sie, daß sich die Sache schon in diesem frühen Stadium entwirrt und erledigt, oder daß Sie noch gar nicht einmal wissen, was das Problem oder Thema eigentlich ist. Längere Beschäftigung verstärkt nur in unnötiger Weise die Problemhaftigkeit, weil wir dem Thema zuviel Zeit = Energie geben!)

▷ Setzen oder legen Sie sich entspannt hin – achten Sie darauf, für die nächsten zehn Minuten wirklich ungestört zu sein. Stellen Sie das Telefon leise, etc. Lassen Sie sich Zeit – das Thema hat Sie ja bisher offensichtlich schon so viel Zeit »gekostet«, daß es wichtig genug geworden ist, sich davon zu lösen. Schließen Sie Ihre Augen.

▷ Denken Sie an den Satz Ihrer Beschreibung und erspüren Sie, welche Schwingungen von diesem Satz in Ihnen ausgelöst werden. Welche Art von Wellen empfangen Sie? Dunkelheit oder Licht? Tauchen bestimmte Farben im Zusammenhang mit diesem Satz auf? Stellen sich Gefühle der Enge oder der Entgrenzung ein? Machen sich in der Magengrube Stiche oder Nervosität bemerkbar? Fühlen Sie irgendwo einen Druck im Körper? Auf der Brust, auf den Schultern, im Kopf? Spüren Sie 1 bis 2 Minuten unvoreingenommen in die Schwingungen Ihres beschreibenden Satzes hinein und versuchen Sie ohne jede Bewertung zu beobachten, wie Sie, Ihr Körper, Ihre Gefühle, Ihre Gedankenwelt, Ihre Seele auf die Schwingungen dieses Satzes reagieren.

▷ Ziehen Sie dann Ihre Aufmerksamkeit vom Satz, seinen Schwingungen und Ihren Reaktionen wieder ganz zurück bzw. heraus. »Erträumen« Sie sich nun die *Schwingung* – *nicht* eine »Lösung« –, die Sie gern im Zusammenhang mit dem Thema empfinden würden. Vielleicht ein bestimmtes Licht oder einen harmonischen Klang oder eine Landschaft oder ein bestimmter Mensch oder ein Gefühl von Wärme oder von Sicherheit oder von Liebe. »Baden« Sie in diesem Traum, lassen Sie alle Zellen spüren, wie sich diese Schwingung für die Zellen anfühlen würde – registrieren Sie, wie Sie sich jetzt fühlen.

▷ Lenken Sie nun Ihre Aufmerksamkeit auf eines der drei folgenden Zentren, je nach Ihrer Neigung – auf das Herzzentrum, das Augenbrauenzentrum oder das Zentrum *über* Ihrem Kopf. Öffnen Sie sich dort für Zeichen aus höheren Bewußtseinsschichten dafür, wie Sie mit dem Thema ab jetzt am besten umgehen können. Mit welcher Einstellung sollten Sie dem Thema ab jetzt am besten begegnen – nüchtern? …

herablassend? ... desinteressiert? ... mit mehr Einsatz? ... gelassen? ... schwungvoll? ... mit mehr Achtsamkeit? ... mit mehr Liebe? Achten Sie behutsam auf innere Signale oder Zeichen – in Form von Worten oder Bildern, vielleicht aber auch in Form von Schwingungen.

▷ Stellen Sie sich nun vor – mit genügend Abstand und Ruhe zwischen den Einzelfragen:
Wie werden Sie morgen über das Thema wohl denken und fühlen? Wie werden Sie in einer Woche das Thema sehen? Wie werden Sie in einem Monat das Thema anschauen? Wie werden Sie in einem Jahr rückblickend darüber denken? Und welche Bedeutung wird das Thema wohl am Ende Ihres Lebens haben, wenn Sie diesen Körper verlassen und sich in eine neue Bewußtseinsebene begeben?

▷ Beenden Sie diese Übung mit dreimaligem ruhigen und tiefen Ein- und Ausatmen, öffnen Sie Ihre Augen, spüren Sie, wie Sie sich jetzt fühlen und vergleichen Sie dies mit dem Zustand am Beginn.

Daß auch sehr weltliche, »triviale« Probleme mit dieser Methode gelöst werden können, durfte ich gerade kurz nachdem ich diese Zeilen geschrieben hatte, erneut erfahren. Die Steuerbehörde von Neu-Mexiko hatte Säumniszuschläge für meine letzten Steuerzahlungen angemahnt. Da ich in etlichen Dingen nicht sehr ordentlich bin – vor allen Dingen nicht, wenn ich an Manuskripten arbeite – fand ich eine ganze Zeit lang meinen Beleg für die pünktlich erfolgte Zahlung leider nicht. Jetzt aber – nachdem ich die Lösung des »Problems« ausdrücklich erst auf die Zeit nach Arbeitsende verschoben hatte, fiel mir der Beleg praktisch wie von selbst in die Hand. Es geht um eine eigenartige Balance zwischen Bemühung und Loslassen.

Spirituelle Meditationsformen aus Indien

Indien ist das Heimatland der Meditation, wie wir es schriftlichen, jahrtausendealten Zeugnissen entnehmen können. Meditation, Innenschau, die Erforschung von überirdischen Welten und ihren Kräften wurde nirgendwo so systematisch betrieben und dokumentiert, wie in Indien. Der krönende Höhepunkt auf dem achtfachen Raja-Yogaweg nach Patanjali, dem »Königs-Yoga«, ist Meditation. Was in späteren christlichen Exerzitien und Kontemplationen »westlicher« Mystiker und Mystikerinnen individuell erfahren und eher bruchstückhaft mitgeteilt wurde, läßt sich im Osten institutionalisiert lernen und in geradezu wissenschaftlichen Dokumentationen nachlesen.

Der Weg des Kriya-Yoga nach Yogananda gehört zum Beispiel dazu. Die von ihm Anfang des Jahrhunderts in den USA gegründete »Self Realization Fellowship« gibt Lehrbriefe heraus, in denen man Schritt für Schritt auf diesem Weg vorangeführt wird. Sri Aurobindos »Integraler Yoga« stellt ebenfalls einen »wissenschaftlichen« Ansatz zur meditativen Selbstverwirklichung dar. (Buddhistische und zen-buddhistische Meditationswege lassen sich nicht so einfach methodisch beschreiben.) Beide übrigens, ebenso wie zahlreiche andere indische Meditationsmeister, hatten keineswegs zur Weltabkehr und Askese aufgerufen, sondern vielmehr zur fröhlichen Annahme irdischer Verantwortung. Ich komme unter der Überschrift »Positive Mystik« darauf später etwas ausführlicher zurück.

Mantras sind kraftgeladene Silben – OM zum Beispiel –, Worte oder ganze Sätze. Es gibt unterschiedliche Meinungen darüber, worin die Wirkung von Mantras liegt:
– in der ständigen Wiederholung, wie zum Beispiel beim Rosenkranz, so daß weniger unnütze, ablenkende Gedanken und Gefühle im Gemüt »Platz« haben;
– in der Inbrunst, mit der die Mantras – manchmal hörbar, manchmal still – gesprochen werden, weil sich dadurch die Seele öffnet und aufschwingt in höhere Gefilde;
– in der »Aufladung« mit geistigen Kräften eines Menschen und/oder Geistführers, der selbst über höhere Kräfte verfügt;
– in der Aufladung des Mantras durch die Wiederholung von Millionen von anderen Menschen, die ihre kleineren oder größeren Gemüts- und Seelenkräfte des Hoffens, Bittens, Betens in diese Silben hineingelegt haben.

Vielleicht variiert der Grund der Wirksamkeit auch. Ich möchte Ihnen vorschlagen, selbst einige Zeit mit Mantras zu experimentieren. Manche benutzen nur die Wiederholung der Vokale, andere ihren eigenen Namen, wieder andere eine Kurzformel dessen, was ihnen am meisten am Herzen liegt.

Ich erinnerte mich, vor vielen Jahren einmal in einem Buch gelesen zu haben, daß man spirituelle Fortschritte machen könne, wenn man nur immer daran denke, was im Leben am wichtigsten sei. In meiner direkten Art fand ich, daß ich eigentlich mit nicht weniger als Gott zufrieden sein sollte, *falls* es ihn/es überhaupt gäbe. Also bastelte ich mir damals, bald fünfzehn Jahre sind es her, selbst ein Mantra, das lautete: »Wenn es dich gibt, will ich zu dir.« Die Wirkungen meiner Bemühungen – und vermutlich höherer gnädiger Kräfte – waren innerhalb weniger Tage spürbar und führten mich zwar nicht zum kindlich ausgemalten alten gütigen Mann mit dem Rauschebart, aber immer mehr zu mir selbst.

Affirmationen, die inzwischen bei uns sehr beliebten Sinnsprüche für eine positive Einstimmung von Seele und Gemüt, die der Harmonisierung unbewußter und unterbewußter Schichten und der Aktivierung des Überbewußtseins dienen, eignen sich ebenfalls sehr gut als Mantren. Ingrid S. Kraaz und ich haben zu den Bach-Blüten Affirmationen gefunden, welche die besondere heilsame Schwingung jeder einzelnen Bach-Blüte zum Ausdruck bringen. Sie sind in unserem Buch »Die richtige Schwingung heilt« (siehe Anhang) enthalten. Zum Rescue Remedy lautet die Affirmation zum Beispiel: »Ich bitte um Hilfe und göttliche Führung.«

Übung mit Mantras

- Der Sinn der Übung besteht darin, zunächst einmal herauszufinden, ob ein Mantra sich für Sie eignet. Danach darin eine Art Verankerung für Ihren Geist aufzubauen, der Ihnen zumindest inneren Abstand und eine ruhige Kraft vermittelt, wenn die Wogen des Lebens zu hoch schlagen.

Außerdem kann sich ein Mantra als Schutz und Prüfstein für die Meditation erweisen!
Die Übung besteht darin, die gewählte Silbe, das Wort oder die kurze Formel oder Affirmation eine Woche lang jeden Morgen, jeden Mittag und jeden Abend *halblaut* ruhig und entspannt 3 bis 5 Minuten lang zu wiederholen. Stellen Sie sich dabei bewußt auf den *Sinn* des Mantras ein.

- Nach dieser ersten Woche wiederholen Sie das Mantra so oft Sie mögen und sich daran erinnern, lautlos, nur in Gedanken, indem Sie es sich am Augenbrauenzentrum hinter der Stirn, also am »dritten Auge« denken.
- Wenn Sie sich von einem Mantra lösen wollen, und das Ihnen nicht (mehr) so leicht fällt, weil sich das ständige innere »Plappern« der Gedanken – das uns am Anfang ständig geistig auf Trab hält – nun bereits gelegt hat und ein »Vakuum« entsteht, dann ersetzen Sie bewußt und wach das Mantra, wenn immer es auftaucht, mit einer schönen Erinnerung, einem angenehmen Gedanken, einem wohltuenden Gefühl.

Übung mit Mandalas

Mandalas sind farbige, rechteckige, quadratische oder runde Bildtafeln, die durch geometrische Muster, Farbanordnung und/oder konkrete Figuren und Gestalten kraftgeladen sind und als Meditationsobjekte dienen. Man kann grundsätzlich unterscheiden zwischen rein geometrisch aufgebauten Mandalas und solchen, auf denen Szenen von Erde, Himmel und/oder Hölle dargestellt werden. Gerade der tibetische Buddhismus arbeitet gern mit solchen Mandalabildern, die auf Stoff gemalt oder gestickt als Hängebilder Wände in Häusern und Tempeln zieren oder manchmal auch direkt auf eine Tempelwand gemalt sind. Neben den geometrischen Mandalas des indischen Subkontinents erinnern auch arabische Ornamente an Bilder, in die sich der Geist versenken kann. Ich finde, daß sogar die Aquarelle in der anthroposophischen Kunst eine »Mandala-Qualität« besitzen. Wenn Sie selbst ein hübsches Bild als Poster oder Karte sehen, oder wenn Sie selber ein Bild gestalten, kann auch das zu Ihrem Mandala werden.

- Ein erster Sinn der Übung ist, unser Gemüt zur Ruhe kommen zu lassen, indem wir ihm ein »statisches« Bild anbieten. Der zweite Sinn besteht darin, daß wir durch die anhaltende Vertiefung in unser Mandala – gleich, ob mit oder ohne Gedankentätigkeit – völlig neue Beobachtungen machen und völlig neue Sinngehalte entdecken können.
- Eine Formel oder Methode zur Meditation mit Mandalas möchte ich nicht vorschlagen. Sie betrachten einfach Ihr Mandala eine Zeitlang mit offenen Augen. Dann möchten Sie vielleicht für eine beliebige Zeit Ihre Augen schließen und das Bild innen nachwirken lassen. Sie können diese Art von Wechselspiel eine ganze Zeitlang üben. Aber Achtung: Lassen Sie sich nicht unwillkürlich vom Mandala »hypnotisieren«!

Schwierigkeiten in der Meditation

Seit 1975 bemühe ich mich um Meditation. Ich durfte Meditationsmeistern persönlich begegnen und wurde von manchen in ihre Meditationsformen eingewiesen, u. a. von Swami Nithyabodhyananda vom Ramakrishna-Orden, von dem Sufi Pir Vilayat Khan, von dem großen tibetischen Lama Kalu Rinpoche, von Sri Chinmoy, von Pater Enomyia Lassalle, von der bedeutenden Yogalehrerin Anneliese Harf und vor allem von Sant Darshan Singh und seinem Nachfolger Naharaji Rajinder Singh. Andere habe ich durch ihre Überlieferungen kennengelernt – Gnostiker und Urchristen, christliche Mystiker und Sufis, Hinduheilige, buddhistische Weise und Sikh-Lehrer.

Mein Lebensweg hat mich zwar bislang schon zwölfmal nach Indien geführt, aber nie länger als vier Wochen, weil ich mein »normales« Leben nie aufgeben, sondern immer um etwas Neues erweitern und ergänzen wollte. Dabei saß ich dort durchaus auch acht, zehn oder sogar zwölf Stunden im Bemühen um Meditation. Im Westen sitze ich nicht länger als zwei oder drei Stunden, meistens allerdings nur wenige Minuten oder bis zu einer halben Stunde regelmäßig. Daher ist mir also aus eigenem Erleben vertraut, welche Arten von Meditationsschwierigkeiten unter welchen äußeren und inneren Umständen auftauchen können. Durch zahlreiche laufende Seminare und den Austausch mit Teilnehmern wurde und werde ich darüber hinaus mit einer Fülle von kleineren und größeren Problemen bei der Meditation konfrontiert, die wir mit Hilfe der Weisheit großer Lehrer oder Lehrerinnen sowie aufgrund eigener Einsichten zu überwinden suchen.

Deshalb führe ich nun die wichtigsten Meditationshindernisse und -irritationen auf, und gebe Ihnen jeweils stichwortartige alternative Hinweise, wie man sie loswerden kann.

Bitte beachten Sie aber, daß ich keine medizinische Ausbildung besitze und meine medizinischen Kenntnisse recht begrenzt sind. Wenn Sie medizinisch handfeste Beschwerden haben und nicht sicher sind, ob und vor allem wie Sie meditieren sollen, so wenden Sie sich am besten an einen Heilkundigen, der selbst auch über eigene Erfahrung mit Meditation verfügt. Grundsätzlich kann ich Ihnen aber versichern, daß Meditation – mit der rechten Motivation und ohne »Leistungszwang« ausgeführt, immer heilsam ist. Daß ich so viele verschiedene Meditationsschwierigkeiten aufführe, heißt *nicht*, daß Meditation riskant sei, oder daß *Sie* alle oder auch nur einige davon je erleben werden. Die folgende Übersicht dient aber der Vollständigkeit eines Meditationshandbuchs und jenen Menschen, die zu meditieren versucht haben, aber ihre Probleme bislang weder besprechen noch lösen konnten.

Schläfrigkeit, Müdigkeit

Aufrechte, gerade Haltung; meditieren Sie im Sitzen statt im Liegen, lehnen Sie sich dabei ruhig an einer Rückenlehne an, aber bleiben Sie in Ihrer Konzentration mindestens im Herzchakra, besser noch im Augenbrauenchakra; tupfen Sie Stirn, Schläfen und Nacken mit kühlem Wasser ab; trinken Sie einen Schluck kühles Wasser vor der Meditation; vermeiden Sie, vor der Meditation viel zu essen; essen Sie vegetarisch; stehen Sie lieber alle 5 bis 10 Minuten auf, schnappen Sie frische Luft, trinken Sie immer wieder einen Schluck Wasser, und tupfen

Sie sich mit Wasser ab, als einfach »wegzusacken«; wenn das alles nichts hilft, brauchen Sie offenbar dringend mehr Schlaf und sollten also *nach* dem Schlaf, am Morgen, meditieren. Übrigens: Es kann sein, daß Sie glauben zu schlafen, weil Sie sich nicht an Meditationserfahrungen erinnern können – es gibt auch Fälle, die gar nicht so selten sind, daß Meditation in Form eines Eintritts in andere Bewußtseinsdimensionen stattfindet und das registrierende Tagesbewußtsein des Betreffenden einfach ausgeschaltet war bzw. die Erlebnisse »verdrängt«. Wenn Sie sich nach einer Meditationsübung *frisch* fühlen, haben Sie mit höchster Wahrscheinlichkeit nicht geschlafen, auch wenn Sie sich an nichts erinnern!

Nervöses Körperjucken

Von medizinisch bestimmbaren Ursachen und entsprechenden naturheilkundlichen Therapien einmal abgesehen, überwinden Sie so etwas am besten durch fünf Minuten Spaziergang oder betont ruhiges, tiefes Ein- und Ausatmen möglichst frischer Luft. Achten Sie darauf, daß Ihre Haut nicht zu trocken – also regelmäßig eincremen oder mit Hautöl pflegen – und die Luft im Meditationsraum nicht zu warm ist. Nervöses Jucken kann auch mit zu viel Zuckerkonsum in den verschiedensten Formen zu tun haben! Sie bemerken, daß ich Ihnen nicht als erstes rate, das Jucken einfach zu übersehen und so zu tun, als ob man davon nicht gestört wäre – so weit sind wir nämlich im Regelfall nicht. Allerdings können Sie versuchen, immer wieder einmal mit Ihrem Bewußtsein möglichst präzise dort hinein zu gehen, wo es juckt. Sie werden feststellen, daß immer häufiger der Juckreiz dann von selbst aufhört. Ein Sonderfall stellt Körperjucken aufgrund schlechter Wäschequalität dar. »Moderne« Textilmischungen enthalten oft Kunstfasern, die früher keinerlei Juckreize ausübten, nun aber – infolge der erhöhten Schadstoffbelastungen und der deshalb entstehenden Allergieneigungen – sehr wohl die Haut irritieren können. Versuchen Sie es dann mit Wäsche aus reiner Baumwolle.

Brillen, Kontaktlinsen, Kaugummi

Nach meiner Erfahrung setzen Sie Brillen ab und nehmen Kontaktlinsen und auch Kaugummi während der Meditation heraus. Diese Dinge erweisen sich nämlich oft als subtile Ablenkungen.

Kälte, Wärme, Körpertemperatur

Wenn Sie Einfluß auf die Außentemperatur haben, stellen Sie am besten eine angenehme, aber nicht zu warme Temperatur ein. Man schläft leichter ein, wenn es zu warm beim Meditieren ist. Gegen Kälte schützt am wirkungsvollsten eine Wolldecke, die Sie sich um den Körper legen. Natürlich ist es nicht nur sinnvoll, sondern auch sehr wichtig, daß der Boden, auf dem Sie evtl. direkt sitzen, warm genug ist, damit Sie keine Erkältung bekommen. Also auch hier eine Decke oder ein Fell benutzen.

Nicht selten fällt die Körpertemperatur bei tiefen Meditationen ab, und man spürt vielleicht sogar ein leichtes Frösteln oder Zittern. Das ist verständlich, weil die Tätigkeit der Körperfunktionen in der Meditation nicht nur harmonisiert und reguliert, sondern auch herabgesetzt wird – das Bewußtsein zieht sich ja teilweise oder ganz zurück und »braucht« die volle Körperleistung nicht mehr in dem Maße, wie es zum Beispiel bei einem Spaziergang, in der Küche oder beim Sport der Fall ist. Sie brauchen aber in diesem Fall des natürlichen Absinkens der Körpertemperatur keinerlei Sorge um Ihre Gesundheit zu hegen. Eine Wolldecke sorgt bei einer Meditationsdauer von bis zu zwei oder drei Stunden für genügend Schutz.

Verdauungsprobleme

Falls Sie es so einrichten können, essen Sie vor der Meditation keine zu großen und schweren Mahlzeiten. Verdauungsprobleme können nicht nur zu unliebsamen Blähungen und Schmerzen führen, sondern auch zu astral belasteten Meditationserfahrungen, d. h. zu unerfreulichen Bildern und Erlebnissen.

Ich kann an dieser Stelle auf eine vernünftige Ernährung natürlich nicht eingehen, möchte Ihnen aber wenigstens sehr kursorische Hinweise geben, die zum Großteil auf den Erfahrungen meiner Frau als Heilpraktikerin beruhen:

Trinken Sie genügend klare, ungebundene Flüssigkeit, am besten frisches, gutes Wasser. Essen Sie leicht, aber mit Freude! Vegetarische Nahrung ist energetisch am lebendigsten; Fleisch (vor allem Schweinefleisch), Wurst, Geflügel und sogar Fisch wirken nicht nur karmisch belastend, sondern sind auch durch die unvermeidliche Einlagerung von Umweltgiften und (Hormon-)Medikamenten im Fleisch der Tiere in hohem Maße gesundheitsgefährdend. Das ist keine

Übertreibung, denken Sie nur an die norddeutschen Kälbermastskandale, an die britische Kuhkrankheit etc. Am günstigsten, wenn Sie vor der Meditation Appetit haben, sind Früchte und Nüsse.

Drogen

Es ist ein fataler Irrtum zu glauben, daß halluzinogene Drogen wie Marihuana, Haschisch, LSD, Peyote etc. oder auch Kokain in irgendeiner Weise etwas mit wertvollen Bewußtseinserweiterungen zu tun hätten. Das Gegenteil ist der Fall. Unser Bewußtsein wird regelrecht betrogen, von allen längst erwiesenen Gesundheitsschäden hier ganz abgesehen. Drogen gaukeln Bewußtseinszustände vor, die genauso künstlich gemacht und falsch sind, wie Computerspiele. Es macht vielleicht eine Zeitlang Spaß damit zu spielen, die lebendige Kommunikation und die daraus erwachsende menschliche Reife, welche wiederum erst das Sprungbrett zu spirituellen Erfahrungen und ganzheitlicher Verwirklichung darstellt, können sie nicht vermitteln. Ich weiß, daß manche liebe Menschen ganz anderer Meinung sind. Sie glauben, daß ihnen erst der Aufbruch ihrer Bewußtseinsmuster durch Drogen zur Einsicht verholfen habe, daß es unkörperliche, überirdische Bewußtseinsdimensionen gibt. Sie haben es aber ohne Drogen gar nicht versucht und wissen bis heute nicht, inwieweit Drogen wesentlich weitergehende Erfahrungen blockieren.

Wenn Sie Drogen genommen haben und jetzt die Reststoffe in den physischen, emotional-mentalen und astralen Körpern herauslösen und ausscheiden wollen, empfehle ich

Ihnen dringendst eine vernünftige natürliche Ernährung; viel klares Wasser, abwechselnde Bäder mit Meersalz und Apfelessig, reichlich Vitamin C und A (β-Carotin), zum Beispiel in Form von »Spirulina« (blau-grüne Algen), richtig aufgeschlossene Bienenpollen und Gelee Royale (»Regazell Energen« von Bio-Naturkraft Poing, OBB, ist das beste mir bekannte Präparat; leider nur in Apotheken), Schwitz- und Dampfbäder und eine naturheilkundliche Ausleitungstherapie durch einen gut ausgebildeten und kompetenten Heilpraktiker (der Fachverband deutscher Heilpraktiker in München, Giselastraße 4, kann Ihnen Adressen vermitteln).

Störungen durch Familie, Partner, Gäste, Tiere

Es ist völlig legitim, daß wir uns Zeit für uns selbst nehmen. Nur selten wird Zeit not-wendiger eingesetzt als in der Meditation. Wie häufig verplempern wir Zeit? Bitten Sie also Familie und Partner um Verständnis, daß Sie sich für eine viertel oder halbe Stunde zurückziehen möchten. Laden Sie Gäste ruhig mit ein, an der Meditation teilzunehmen! Und auch unsere lieben Haustiere, wir haben selbst ein kleines, liebevolles und liebebedürftiges Hundefindelkind bei uns aufgenommen, können diese Zeit für sich sein. Häufig ist jedoch zu beobachten, daß Katzen und Hunde sich ebenfalls still mit dazu setzen, wenn sie einmal gelernt haben, daß man in der Meditationszeit auf eine feuchte Hundenase oder ein schnurrendes Umstreichen der Beine nicht weiter eingeht. Übrigens: Wenn die Kinder dann doch wieder hereinplatzen mit irgeneiner wahnsinnig wichtigen Frage oder Neuigkeit, so ist das ein schöner kleiner Test für uns, ob wir auch jetzt in der Mitte bleiben können oder nicht. Jeder Leser wird sein eigenes Mittelmaß finden und Prioritäten setzen.

Störungen durch Lärm von außen

In der modernen technischen Welt sind Umweltgeräusche nahezu unvermeidlich. Seien es Autos oder Bahnen, Baumaschinen oder Küchengeräte der Nachbarn. Und selbst im abgelegensten Winkel der Welt durchqueren Jets dröhnend den Himmel. Wir können uns im Regelfall gar nicht in den ruhigen Schatten stiller Berghänge oder Höhlen zur Meditation zurückziehen. Was können wir tun? Suchen Sie sich einen Platz oder ein Zimmer – in der Natur einen Ort – der Ihnen eine harmonische Ausstrahlung vermittelt. Das bezieht sich auf den Lärmpegel, aber auch auf die Stimmung, die »Seele« des Meditationsorts. Je wohler Sie sich an einem Platz fühlen, um so weniger werden objektiv vorhandene Störquellen Sie ablenken können, weil Sie mehr in sich selbst ruhen. Wählen Sie ruhigere Zeiten, wie den frühen Morgen oder den späten Abend zur Innenschau. Manche meiner Bekannten meditieren mit Ohropax in den Ohren oder tragen Ohrschützer, wie Sie auf Flughäfen verwendet werden, vor allem für die Meditation mit dem inneren Ton. Ich habe das eine Zeitlang auch mit Erfolg ausprobiert und es inzwischen aber wieder abgelegt. Wenn wir genau beobachten, stellen wir fest, daß wir uns um so gestörter von Außengeräuschen fühlen, je weniger wir auf den Gegenstand der Meditation hin gesammelt sind. Diese Bemerkung ist keineswegs banal. Wenn ich vom Ego her unzufrieden, gereizt, mißgelaunt in die Meditation hineingehe und dann auch noch irgendein Egoproblem mit der Quelle des Geräuschs verbinde, wird die Störung naturgemäß sehr stark sein. Eine Möglichkeit, Lärm als Störquelle auszuschalten, ist also die richtige Wahl des Ortes und der Zeit, eine andere liegt im Loslassen von Egoverhaftungen.

Abschweifen der Gedanken

Neben Schläfrigkeit ist das wohl eines der häufigsten Meditationsprobleme. In der »Wer-bin-ich?«-Meditation finden Sie einen Vorschlag, damit umzugehen. Neben der darin abgewandelten Suchfrage »Wer bin ich?« in »Wer hat diese Gedanken?«, gibt es eine Reihe weiterer Hilfen. Sie können ein beliebiges »Mantra« mit der Zunge der Gedanken wiederholen, also innerlich, nicht hörbar, vor sich hinsprechen. Dieses Mantra kann z. B. »OM« oder »Om mani padme hum« lauten, oder die laufende Wiederholung Ihrer Meditationsfrage sein, ein christliches Herzensgebet wie »Herz Jesu, hilf« oder auch nur »Ru-he, Ru-he...« mit dem Ein- und Ausatmen gekoppelt. Als Übergangshilfe ist ein Mantra sicher oft wirkungsvoll und deshalb ratsam. Allerdings kann damit auch eine »Besetzung« des Bewußtseins einhergehen, die einer außen-gesteuerten suggestiv geführten Halbtrance gleichkommt. Ich selbst verwende Mantras deshalb sparsam. Das beste Mittel, um abschweifende Gedanken wieder einzusammeln, ist die anfangs oft schwierige Gratwanderung zwischen Geschehenlassen der Abschweifung, damit man nicht ständig irgend etwas unterdrückt oder an sich mit Vorwürfen herummäkelt, und geduldiger und humorvoll-pfiffiger Rückbesinnung auf den ursprünglichen Gegenstand der Meditation.

Gedankenüberflutung

Dies stellt eine Art von abschweifenden Gedanken dar. Wenn es sich um wirkliche Geistesblitze handelt, so notieren Sie diese kurz. Oft genug drückt sich die neu erschlossene Lebenskraft aus der Mitte in Einsichten aus, die sich auf unsere Arbeit, künstlerisches, schöpferisches Schaffen oder unsere Alltagsherausforderungen beziehen. Diese sind es dann wert, in einer Art Tagebuch festgehalten zu werden. Wenn Sie Sorge haben, sie am Ende der Meditation vergessen zu haben, schreiben Sie schnell ein paar Stichworte nieder. Hüten Sie sich jedoch vor einer neuen Versuchung, die daraus erwachsen kann: daß Ihr Gemüt Ihnen Ihre eigentlichen Meditationsziele durch ein Überangebot »wichtiger« und »geistreicher« Einfälle verstellt und die Zeit schnell um ist.

Wenn es um eine Überflutung mit unwichtigen Gedanken geht, kann ich Ihnen folgende Hinweise geben: Atmen Sie einige Male bewußt, ruhig und tief aus und geben Sie dabei Sorgen und Störungen mit der Ausatmung an die Erde ab. Sammeln Sie Ihre Aufmerksamkeit im Herzraum oder im Augenbrauenchakra, und stellen Sie sich ein klares, schönes Licht in einer Farbe vor, die Ihnen gefällt. Lassen Sie dieses Licht eine ganze Zeitlang strahlen, und blicken oder spüren Sie immer in seine Mitte. Wenn sich Ihre Gedankenwelt dann wieder beruhigt hat, kehren Sie zu Ihrer ursprünglichen Meditationsform bzw. Ihrem -gegenstand zurück.

Schwindelgefühle

(Siehe auch weiter unten unter »Schweben«.) Eine spirituelle Ursache dafür kann sein, daß Sie beginnen, den Körper zu verlassen, bzw. das Körperbewußtsein zu überschreiten, gleichzeitig aber noch nicht ganz im Körper loslassen können. Dadurch spürt ein Teil des Tagesbewußtseins, daß der Körper gefühllos und verlassen wird, und reagiert darauf mit Unsicherheit, Orientierungslosigkeit und eben Schwindel. Wenn Sie sich nicht auf einen Stuhl oder ein hohes Bett setzen, sondern auf eine Decke auf den Boden und den Rükken an der Wand anlehnen, oder wenn Sie sich auf Ihr Bett legen, dann können Sie sich sicher fühlen, nicht umzufallen oder herunterzufallen. Probieren Sie ruhig aus, was »nach« dem Schwindel dann kommt. Sie werden völlig neue Ebenen betreten.

Wenn der Schwindelzustand allerdings körperlich, nicht spirituell bedingt ist, also durch körperliche Schwäche, zu wenig Flüssigkeit und Nahrung oder eine organische Krankheit, sollten Sie einen Heilkundigen aufsuchen, der sich auch mit Meditation auskennt.

Wenn der Schwindelzustand psychosomatische und/oder emotionale Gründe hat, zum Beispiel Realitätsflucht, Angst vor dem Alltag, Depressionen, übermäßige religiöse Schwärmerei usf., sollten Sie zunächst mehr körperlich betonte Yogaübungen durchführen oder Rat bei einem kompetenten Meditationsmeister bzw. einem seriösen Therapeuten suchen, der selbst auch über spirituelle Erfahrungen verfügt.

Atembeklemmung, Atemflattern

Das kann u. a. auftreten, wenn Sie Ihren Atem außerhalb seines natürlichen Rhythmus stark lenken wollen. Ich rate von allzu energischen »Pranayamas«, also künstlich regulierten Atemübungen ab, zumindest ohne dabei anwesendem kompetenten Lehrer.

Eine weitere Ursache kann Angst sein – Angst vor dem Alltag und vor dem Leben, die in der Zeit der vergleichsweisen Ruhe in der Meditation sich stärker bemerkbar macht. Es ist nur natürlich, daß wir in Zeiten der inneren Stille unmittelbarer mit wesentlichen Lebensfragen konfrontiert werden. Diesen Aspekt behandele ich an anderer Stelle ausführlicher. Wenn also Atemunruhe infolge von Angstzuständen auftritt, kann helfen, daß Sie die Augen öffnen und zwei bis drei Minuten ruhig, entspannt und tief atmen – ohne sich zu hetzen, ohne etwas zu wollen. Prüfen Sie auch Ihre Motivation für die Meditation. Die Yogalehrerin Anneliese Harf pflegte uns daran zu erinnern, daß unsere Motivation der beste Schutz für die Meditation selbst ist, sowohl für innere Erfahrungen wie für körperliche Zustände.

Körperzuckungen

Es ist ein völlig normales Durchgangsstadium, daß wir im Verlauf einer längeren Meditationspraxis erleben, daß plötzlich eine Hand oder ein Arm »hochfliegt«, daß ein Bein zuckt, oder daß ein Zucken durch den ganzen Körper geht. Solche Zuckungen weisen darauf hin, daß sich Ihr Bewußtseinsstrom vom Körper zu lösen beginnt, aber dort, wo diese Zuckungen stattfinden, noch »Schlacken« vorhanden sind, die das unmerkliche Zurückziehen des Körperbewußtseins verhindern, so daß sich das Bewußtsein ruckartig zurückzieht. Diese Schlacken in den Zellen bzw. Zellverbänden können sowohl materieller – aufgrund falscher Ernährung –

wie emotionaler Natur sein. Sie werden sich in dem Maße vermindern und schließlich ganz aufhören, wie wir uns einerseits naturgemäß ernähren (also nicht von totem Fleisch, Drogen etc.), und andererseits für die geistigen Welten bewußt und ohne falsche Erwartungen oder Absichten öffnen. Mir ist noch kein Fall bekannt geworden, bei dem sich solche unwillkürlichen Körperzuckungen in der Meditation als medizinisches Problem erwiesen hätten. Manche Übungswege zielen übrigens sogar darauf ab, diese Art der Aufhebung der Schwerkräfte zu praktizieren, so daß Meister oder Meisterin dieser Wege buchstäblich schweben. Sie haben ihr Bewußtsein aus dem Körper herausgezogen. Von Teresa von Avila heißt es bekanntlich, daß sie in göttlichen Verzückungszuständen um Pfeiler und unter dem Dach ihrer Kirche schwebte – was sie allerdings gar nicht mochte! Yoganandas Buch »Autobiographie eines Yogis« bringt eine Reihe von Beispielen aus neuerer Zeit für dieses Phänomen.

Alpvisionen, gespenstische Gestalten

Es kann passieren, daß Sie disharmonische Meditationserlebnisse haben, in Form von furchteinflößenden Gestalten, die Negatives ausstrahlen oder in Form von Schreckensbildern und Visionen wie in Alpträumen. Ich kann in diesem Punkt nicht aus eigener Erfahrung sprechen, sondern muß mich auf das beziehen, was ich von anderen darüber gelernt habe.

Eine einfache und häufige Erklärung ist, daß Sie falsch und zuviel gegessen und getrunken haben (von Drogen ganz zu schweigen). So, wie zu reichliches und schweres Essen am Abend auch Alpträume verursachen kann, kann es auch zu schlechten Meditationserfahrungen führen. Probieren Sie also beim nächsten Mal aus, zwei Stunden vor der Meditation nichts mehr zu essen, höchstens einen oder zwei Äpfel, und nur klares Wasser oder leichten Kräutertee ohne medizinische Eigenwirkung zu trinken.

Eine zweite Ursache kann sein, daß Sie sich in Ihrer Gedankenwelt, in Büchern, Filmen, in der Phantasie und auch in der Motivation für Meditation, stark für Magie, geheimnisvolle Kräfte und Wesen aus dem Jenseits interessieren oder sich davon unwiderstehlich angezogen fühlen. Prüfen Sie dann bitte Ihre Motivation. Was möchten Sie vom Leben? Was möchten Sie dem Leben geben? Das Argument, auch die Schattenseiten gehörten zum Leben und müßten deshalb erfahren oder gar ausgekostet werden, zieht bei mir nicht! Wer die Schattenseiten sowohl körperlich, wie emotional-mental und spirituell erleben möchte, braucht sich nur an die Konzentrationslager zu erinnern, an Dantes Beschreibungen der Hölle, an die Leiden psychisch Kranker, um zu erkennen, wohin ein Ausleben von Schatten führt. Ich rede nicht etwa einer Verdrängung das Wort, aber wenn etwas Negatives hochkommt, muß ich dem nicht noch mehr Energie und damit Lebenskraft geben, indem ich mich damit intensiv beschäftige. Die beste Weise des Umgangs mit solchen Kräften ist, sich auf Licht, auf Gott, auf das Selbst zu konzentrieren. Auch positiv geladene Mantras, wie »OM« oder »Herz Jesu, ich vertraue auf Dich«, helfen, wieder in die eigene Mitte zu gelangen.

Es kann auch passieren, daß Gestalten als Verkörperungen bekannter geistiger Führer auftreten und versuchen, Sie in irgendeiner Weise zu beeinflussen. In diesem Fall können Sie diese Gestalten, deren Stimme Sie vielleicht nur hören, auffordern, vor Ihr inneres Auge zu treten. Dann schauen Sie dieser Gestalt in die Augen und fordern sie auf, Ihnen zu sagen, wer sie ist und ob diese Gestalt Sie zu Gott, zu Ihrem Selbst, zu Ihrer menschlichen Vervollkommnung, zu Ihren spirituellen Zielen führen wird oder nicht. Wenn Sie ein »Prüf-Mantra« haben, wie es zum Beispiel die Meister von Sant Mat geben, benutzen Sie dieses. Fragen Sie mindestens dreimal nach, ob diese Kraft von Gott kommt und für Sie positiv ist oder nicht. Negative astrale Kräfte operieren mit der Verführbarkeit unseres Gemüts mehr als mit direktem, unmittelbarem Lug und Trug. Oft genug *wollen* wir uns etwas einbilden und geben damit solchen Gestalten erst *unsere* eigene Kraft, ihrem Treiben nachzugehen!

Schließlich gibt es natürlich auch Schreckensvisionen, die sich auf das äußere Leben beziehen und wahr sind, seien es Visionen von Unglücksfällen im privaten Bereich, seien es Visionen von globalen Katastrophen und Kriegen. Und es gibt Einblicke in düstere astrale Zwischenbereiche. Wenn Sie von solchen Visionen heimgesucht werden, helfen Gebete fast immer. Sie dürfen aber nicht an diesen Visionen festhalten wollen.

Aufsteigende Kundalini, Feuergefühl im Rücken oder Kopf

Bei manchen Praktiken – *nicht* bei den in diesem Buch beschriebenen – kann es zum unkontrollierten Aufsteigen der Kundalini- oder »Schlangen«kraft kommen, die aus dem Basis- oder Wurzelchakra langsam oder schnell durch die Wirbelsäule nach oben steigt und heftige Reaktionen auslöst. Wenn dies, zum Beispiel infolge von massiver Atemlenkung oder infolge von absichtsvoller Entwicklung bestimmter medialer Kräfte, unkontrolliert geschieht, ist damit häufig das Gefühl verbunden, wie von innerem Feuer verbrannt zu werden. Deshalb rate ich davon ab, mit solchen Praktiken herumzuspielen. Sollten Sie in Ihrer Meditation eine solche oder eine ähnliche Erfahrung machen, *ohne* daß einer der oben genannten Gründe dafür verantwortlich ist, so empfehle ich folgende alternativen Hilfen auszuprobieren: Trinken Sie einige Schlucke klaren Wassers mit etwas Zitronensaft darin. Nehmen Sie notfalls ein nur lauwarmes Bad mit Meersalz und/oder Apfelessig darin. Bewegen Sie sich körperlich oder machen Sie Gymnastikübungen. Bitten Sie einen Freund, mit den flachen Fingern einer Hand kräftig, aber nicht brutal, von oben auf Ihren Hinterkopf zu »schlagen«. Das hilft auch manches Mal, die aufgestiegene Kundalini-Kraft wieder nach unten zu schicken. Und erneut werden aufrichtige Gebete ihre positiven Wirkungen nicht versagen. Wenn das Problem infolge einer medialen Beschäftigung mit Jenseitsebenen, zum Beispiel durch Séancen oder »Channeln« auftritt, müssen Sie sich wohl oder übel entscheiden, welchen Weg Sie weiter einschlagen wollen.

Erdstrahlen, Umweltbelastungen

Es ist inzwischen nicht mehr bestrittenes Allgemeinwissen, das auch von Naturwissenschaftlern bestätigt wird, daß es Erdstrahlen, Strahlengitter, Kraftlinien, Austrahlung unterirdischer Wasseradern usw. gibt. Man nennt das auch »geopathologische« Energien. Sie beeinflussen nicht nur die physische Gesundheit, sondern auch das emotionale Wohlbefinden und können sich durchaus auch auf Meditation auswirken. Wenn wir einmal zu unserer Mitte gefunden haben, bzw. besser, wenn wir uns einmal als bewußtes Sein erkannt haben, spielen diese »niedrigen« Energien keine Rolle mehr. Bis dahin hat es schon einen Sinn, sich um Schutz vor solchen Kräften zu kümmern, wenn man spürt, daß sie im eigenen Lebensumfeld sehr virulent sind. Ich kann an dieser Stelle nicht auf dieses sehr komplexe Gebiet ausführlich eingehen. Die meisten Geräte sind unnütz. Reine, unbehandelte Korkabschirmmatten haben sich bewährt (die beste Qualität erhalten Sie zur Zeit vom »Institut für Geopathologie«, Waldecker Straße 40, D 3500 Kassel; Andreas Kopschina, der Leiter des Instituts, hat ein lesenswertes Buch im A.I.G.-Hilbinger Verlag herausgegeben unter dem Titel »Die Erdstrahlen als Krankheitsursache – Praxis der Geopathologie«). Zu empfehlen sind auch Sitzunterlagen aus 100 % Schaf- oder Lamawolle; auch Bienenwaben oder eine ausgerollte reine Bienenwachskerze schirmen bestimmte Störfrequenzen ab.

Gegen elektromagnetische Belastungen, zum Beispiel durch Fernseher, Computer, schlecht abgeschirmte und alte Elektroleitungen, stark strahlende Sender und Sendeverstärker, sowie Strommasten, Transformatoren und Starkstrommaschinen hat der Physiker und Chiropraktiker Dr. Dietrich Luedtke aus Santa Fe chemisch absorbierende »Strahlenfallen« entwickelt, die wirklich funktionieren. Was Umweltbelastungen betrifft, wie verschmutzte Atemluft, schlechtes Trinkwasser, überzüchtete und tote Nahrungsmittel, kann ich Ihnen leider nichts anderes raten, als Ihrem Geldbeutel entsprechend die bestmögliche Lebensmittelqualität einzukaufen, zum Beispiel in Naturkostläden und – falls das Ihr Kassenstand erlaubt – Urlaub in möglichst menschenleeren Gegenden zu machen, zum Beispiel in Skandinavien, Schottland, in der Osttürkei oder außerhalb der Saison in den Alpen, in der Eifel und der Rhön.

Damit jedes Mißverständnis vermieden wird, betone ich: Erdstrahlen und Umweltbelastungen gehören *nicht* zu den vorrangigsten Meditationsproblemen.

Erwartungsdruck, Leistungszwang

Tun Sie sich selbst einen großen Gefallen, erwarten Sie *nichts* von Ihren Meditationen, setzen Sie sich nicht unter irgendeinen Leistungsdruck. Das ist natürlich ein schwer verdauliches Paradox: Ich empfehle Ihnen zu meditieren, um neue Lebenskraft aus der eigenen Mitte zu gewinnen, um Probleme zu lösen, kreativer zu werden, neue Bewußtseinsebenen zu erschließen, und gleichzeitig warne ich Sie vor Erwartungen. Die »erfolgreichsten« Meditationen sind solche, in denen wir uns ganz bereit machen und bereit sind, eine numinose Energie aus einer zunächst unbekannten Kraftquelle in und durch uns strömen zu lassen, in denen wir wach und bewußt nach innen schauen und hören und spüren und doch gleichzeitig nichts wollen, schon gar nicht etwas zu »machen«. Diese Einstellung scheint unserem modernen Leistungsdenken zu widersprechen, das auf der vermeintlichen Omnipotenz des menschlichen Wissens aufgebaut ist – »Wo ein Wille ist, ist auch ein Weg«. Wenn wir uns auf kosmische Kräfte einstellen möchten, bedarf es dazu mehr als nur unseres Willens: Wir müssen uns darauf vorbereiten, den Willen des Kosmos, den Schöpferwillen, den Willen des Lebens in uns einfließen zu lassen! Solange wir im Egowillen verhaftet sind, können wir nicht über die Grenzen des Egos hinaus. Eigentlich ganz einfach, nicht wahr? Es stellt eine gute Übung dar, nach »gelungenen« Meditationen der höheren Kraft zu danken für die Geschenke der Offenbarungen. Für das Alltagsleben können wir es mit großer Freude ebenso halten – ob wir nun »Gott« danken, dem »Leben«, unserem »Selbst«. Natürlich sind wir in Wirklichkeit nicht davon getrennt, solange wir uns aber getrennt als Körperwesen hier und Schöpferkraft dort, anschauen, hilft schlichter, aufrichtiger und auch nur stiller, nicht zur Schau gestellter Dank, um uns weiter für geistige Dimensionen zu öffnen.

Unlust, Motivationsmangel

Zwingen Sie sich nicht zur Meditation, nur, um irgendwelchen »moralischen« Verpflichtungen nachzukommen. Meditieren Sie lieber kürzer und fröhlich als länger und mißmutig. Für mich gehört es zu den besten Motivierungen zu meditieren, mich ganz sachlich daran zu erinnern, was in meinem auf vielleicht fünfzig oder sechzig oder siebzig angelegten körperlichen Leben wichtig ist. »Was ist für mein Leben wichtig?« Stellen Sie sich diese Frage ganz ehrlich, und warten Sie auf die Antworten von innen. Schreiben Sie die Antworten auf und überprüfen Sie diese nach einigen Tagen wieder. Und dann halten Sie sich einfach an Ihre eigene Prioritätenliste.

Es könnte auch sein, daß Sie noch nicht zu der Ihnen

derzeit gemäßen Meditationsform gefunden haben oder versucht haben, Anleitungen zu befolgen, die trocken oder dogmatisch oder zu schwierig sind. Dann finden Sie hoffentlich in diesem Handbuch brauchbare Alternativen, oder Sie kommen in eines der Seminare. Meine Frau Ingrid und ich sind gern bereit, in Seminaren auf Meditationsfragen einzugehen. Wir können allerdings aus Zeitgründen keinerlei Korrespondenz darüber führen.

Besondere Erfahrungen in der Meditation

Natürlich ist es gar nicht möglich, eine annähernd vollständige Übersicht zu diesem Thema zu geben. Ich kann nur manche wichtigen Punkte kurz anreißen oder skizzieren. Das ist dennoch sinnvoll, weil viele Menschen im Westen, vor allem wenn wir mit Meditation beginnen, eine Fülle von Erlebnissen haben, die wir irgendwie einordnen möchten. Mit dieser wichtigen Einschränkung biete ich Ihnen die folgenden Hinweise an:

Licht, Farben

Licht, anfangs vielleicht nur Nebelschwaden, vielleicht gelbe Lichtringe mit dunkelblauen Tunneln darin, Funken, weiches weites Licht, strahlendes Licht, Farben in allen vorstellbaren und »überirdischen« Schattierungen gehören zu häufigen Meditationserfahrungen. Sie zeigen an, daß wir fähig sind, mit einem Teil unseres Bewußtseins in andere Dimensionen zu blicken. Im Videogespräch mit dem indisch-amerikanischen Meditationslehrer Maharaji Rajinder Singh nennt dieser die markanten Lichter und Töne, an denen sich die Hauptebenen erkennen lassen (siehe Anhang).

Töne, Geräusche, Klänge

Es ist völlig normal, daß wir nicht nur inneres Licht aus den geistigen Welten wahrnehmen, sondern auch die sogenannten Sphärenklänge. Rajinder Singh hat erklärt, daß Licht und Ton zwei Ausdrucksformen einer einzigen Urkraft sind. Je nach Dichte der Ebene, auf der wir uns befinden, nehmen wir die Klänge und Lichter unterschiedlich wahr. Er hat dazu das Beispiel vom Geräusch eines Stockes gebracht, mit dem man aufs Wasser, auf ein Metall oder durch die Luft schlägt. Das Geräusch wird immer anders sein; der Stock und die Energie der Hand, die den Stock führt, bleibt gleich. Die Meister der »Wissenschaft der Seele« machen darauf aufmerksam, daß man nur auf die Geräusche bzw. Töne hören soll, die von rechts oder oben zu kommen scheinen, weil sie uns zur Schöpferkraft hinziehen. Die von links hörbaren Geräusche oder Töne führen in die Vielfalt der Schöpfung hinaus und damit von der Quelle fort. »Nadi Yoga«, das Hören auf die »Musik der Sphären« bzw. die »Stimme der Stille« ist ein besonderer Yogaweg. Wenn Sie Stimmen hören, nehmen Sie diese bitte *nicht* an, bis sich die Urheber dieser Stimme vor Ihrem inneren Auge gezeigt und legitimiert haben. Prüfen Sie gründlich solche und andere innere Erscheinungen, ehe Sie möglicherweise sich vorschnell über vermeintliche »göttliche Gunstbeweise« freuen, die sich später als astrale Sackgassen erweisen.

Schweben, Fahrstuhlgefühl

In dem Maße, in dem Sie sich auf geistige Ebenen einlassen, lösen sich körperliche Grenzen auf. Das führt häufig zu einem Gefühl des Schwebens oder zum »Fahrstuhlgefühl«, als ob Sie gleichzeitig sowohl nach oben wie nach unten fahren oder schweben. Ich empfand das nie als unangenehm, sondern eher als amüsant. Wenn Sie sich genügend auf Ihren Meditationsgegenstand konzentrieren, ohne sich dabei zu verspannen, geht dieses Gefühl auch bald wieder vorbei.

Wohlgerüche

Vielleicht haben Sie das auch schon erlebt, daß Sie sich zur Meditation hingesetzt haben und plötzlich meinen, es stünden Blumen im Raum, die Wohlgerüche verströmen. Ähnlich, wie Licht und Klang Zeichen höherer Kräfte darstellen, gilt dies auch für Düfte. Während Ingrid meistens Lavendel und Rose riecht, empfinde ich mehr Jasmin und Rose.

Windhauche, leichte Brisen

Auch dies sind Signale dafür, daß Energien aus anderen Welten zu uns herüberwehen. Oft genug bin ich anfangs aufgestanden und habe nachgeschaut, ob Türen und Fenster geschlossen oder offen sind, wenn wieder einmal ein angenehmer Wind um mein Gesicht und die Hände fächelte.

Gefühlsausbrüche, Weinen

Wundern Sie sich bitte nicht, wenn Ihnen ganz unwillkürlich Tränen in der Meditation herunterlaufen, oder Sie sogar heftig zu weinen beginnen. Ich war mir nicht ganz sicher, ob ich diese Erscheinung unter »Schwierigkeiten« oder unter »Besondere Erscheinungen« behandeln sollte. Meditation geht immer mit einer Entspannung einher. Körperliche und seelische Entspannung führt auch zur Lösung von Blockaden, die mit der Lymphflüssigkeit der Tränen ausgeschieden werden.

Spirituelle Erhebung löst ebenfalls bisweilen ein »Weinen der Seele« aus. Selbst wenn Sie sonst nichts Spezielles in der Meditation erlebt haben, sind unwillkürliche Tränen ein Zeichen für ein erstes Eintauchen in die geistige Welt.

Erotische Gefühle

Auch das gibt es, und zwar nicht etwa selten. Wenn wir meditieren, wird die Prana-Kraft oder Lebenskraft belebt. Diese Kraft, auch als Kundalinikraft bekannt, fließt in alle Kraftzentren. Zentren oder Chakras, in denen ungelöste Energie- und Gemütsblockaden vorhanden sind, reagieren darauf. Erotische Gefühle in der Meditation können die Folge solcher feinstofflicher Anregungen sein. Es gibt auch eine andere Auslösung. In der Meditation werden schöpferische Energien frei, sexuell-erotische Kräfte sind ebenfalls Ausdrucksformen dieser schöpferischen Energien. Also ist es ganz natürlich, daß sich diese Kräfte auch in erotischen Gefühlen bemerkbar machen. Manche asketischen Traditionen vertreten die Ansicht, daß darin »Versuchungen« des Gemüts stecken, unsere schöpferischen Kräfte »sinnlos in niederen Freuden zu verschleudern«, anstatt sie zu sammeln. Ich möchte es am liebsten Ihnen selbst überlassen, sich darüber ein eigenes Urteil zu bilden.

Geistesblitze, Einsichten

Es ist nichts Ungewöhnliches, daß Sie wirklich blitzartige Einblicke in Probleme oder Zusammenhänge in der Meditation gewinnen. Seien Sie dafür dankbar. Aber prüfen Sie auch mit Ihrem Tagesbewußtsein, ob das, was Sie innerlich erfahren haben, auch den äußeren irdischen Alltagsbedingungen standhält oder eher eine rein geistige, nicht unbedingt realisierbare Einsicht darstellt. Machen Sie Notizen, aber lassen Sie sich nicht durch die Freude über eine kleine Einsicht aus der Ruhe und damit um die Chance bringen, noch tiefer gehende Einsichten zu gewinnen.

Formen, Muster, Szenerien

Zu typischen, oft farbigen, geometrischen Mustern, gehören Dreiecke, Kreise, Ringe, Quader, Kristallkörper, Landschaften, Meere, Welten, auch »un-irdische« Gebäude wie Phantasieschlösser aus Edelsteinen und Perlen usw. Ihre symbolische Bedeutung kann man nur von Fall zu Fall individuell erschließen. Sie selbst können dies tun, wenn es wirklich wichtig ist, indem Sie in Ihr Erleben eine Fragemeditation einfügen. Allerdings könnte dies Ihre Aufmerksamkeit und Sammlung soweit ablenken, daß Ihnen solche Szenen wieder »verloren« gehen. Erinnern Sie sich auch bei den schönsten

Erlebnissen immer daran, daß Sie nicht voreilig etwas für den »höchsten Himmel« halten, was sich vielleicht später ebenfalls als ein Durchgangsstadium entpuppt.

Gestalten

Manche Menschen sehen Gestalten – Lichtgestalten, Wesen aus anderen Ebenen. Der Vorteil, von einem lebenden kompetenten Meditationsmeister auf den Weg nach innen gestellt, d. h. initiiert worden zu sein, besteht unter anderem darin, daß wir ihn auch innen wiedererkennen und damit prüfen können, wer es ist, der uns dort begegnet. Mantras, Herzensgebete oder andere »Prüfsteine« sind ebenfalls geeignet, sicherer zu werden, wen man trifft. Daß unsere Motivation für die Meditation mit der beste Schutz ist, hatte ich schon an anderer Stelle erwähnt. Meist sind wir so von der Tatsache überwältigt, und fühlen uns in höchstem Maße gesegnet, daß wir überhaupt innere Lichtgestalten erblicken, daß wir der Frage, wer sie sind und was sie uns nutzen können, nicht mehr allzu viel Bedeutung beimessen. Es tut mir leid, wenn ich für manche Leserinnen und Leser mit diesen Worten einige Wermutstropfen in den süßen Nektar ihrer Meditationen gieße, aber echte geistige Lehrer werden es nie übel nehmen, wenn wir auf dem komplexen Weg zur Mitte mehr Wissen und Sicherheit darüber erbitten, wer sie sind und was sie für uns tun wollen oder können. Falsche oder inkompetente Lehrer werden solche Bitten bzw. Fragen als kindische Besserwisserei abtun wollen oder Ausflüchte suchen. Ich halte mich persönlich da lieber an den Bibelspruch: »Was nützte es dem Menschen, wenn er die ganze Welt gewönne und nähme doch Schaden an seiner Seele«, und an Angelus Silesius' Zweizeiler aus dem »Cherubinischen Wandersmann«: »Du reisest, vielerlei zu seh'n und auszuspäh'n. Hast du nicht Gott erblickt, so hast du nichts geseh'n.« Setzen Sie sich also nie zu niedrige Ziele, und lassen Sie sich nicht zum Werkzeug oder gar blindgläubigen Anhänger einer niedrigeren Kraft als jener Gottes machen.

Himmelslichter

Sonnen in verschiedenen Färbungen, Mond, kleine und große Sterne, der gesamte Makrokosmos der Schöpfung ist im Mikrokosmos Mensch »versteckt« und über Meditation zugänglich. Manche Himmelslichter sind sozusagen Wegmarken auf dem inneren Weg (siehe auch das Stichwort »Licht, Farben«). In der Sant Mat-Lehre heißt es ausdrücklich, man solle immer in die Mitte dieser Himmelslichter schauen, um hindurch zu gelangen und weiter aufzusteigen. Allerdings bedarf es dazu auch eines kompetenten inneren Geistführers.

Überschreiten des Körperbewußtseins, Körperaustritt

Ein Ziel der spirituellen Meditation beruht darin, das begrenzte Körperbewußtsein auf natürliche Weise zu überschreiten bzw. um wesentliche geistige Dimensionen zu erweitern und die Begrenzung des Körpers in bezug auf die Wahrnehmung der Wirklichkeit und ihres Sinns zu überwinden. Sinnesorgane, Gefühle und Gedanken sind wertvolle Hilfsmittel des sensiblen Ausdrucks und wunderbare Werkzeuge der schöpferischen Gestaltungskraft unseres bewußten

Seins. Aber die Schöpfung ist mehr, unsere Seele ist mehr, unser Leben umfaßt mehr als nur diese Dimension von Raum und Zeit. Alle Mystiker und Mystikerinnen aller Epochen und aus allen Kulturen und Religionen versichern uns, daß wir selbst Teil der Schöpferkraft *sind* und uns als diese auch wahrnehmen können, wenn wir das begrenzte Körperbewußtsein überschreiten. Sie können noch einmal im Abschnitt über christliche Meditation die entsprechenden Verse nachlesen. Natürlich haben wir unter manchen Umständen vor dem Körperaustritt auch Angst. Wer verläßt schon gern seinen Körper, falls damit »Sterbegefühle« verbunden sein sollten? Aber so sicher wie das sprichwörtliche Amen in der Kirche steht fest, daß wir eines Tages diesen Körper ablegen werden. Ist es nicht besser, dies jetzt schon zu üben? Wenn sich also bei Ihnen Erfahrungen einstellen, zum Beispiel, als ob Sie durch einen Tunnel hindurch in ein fernes Licht ziehen oder gezogen werden, oder als ob Sie aus Ihrem Körper »aussteigen«, so ist dies nichts Negatives oder Besorgniserregendes, sondern ein wünschenswerter Vorgang. Verständliches Unbehagen läßt sich vermeiden durch entsprechende konzentrierte Ausrichtung auf Gott, auf ein Schutzmantra oder durch die kundige Hilfe eines kompetenten Meditationsmeisters.

Ich-Loslösung

Genauso schwierig, wie das Körperbewußtsein zu erweitern ist es, unser Ich loszulassen. Und wenn dies dann ansatzweise in der Meditation geschieht, kann es vorkommen, daß wir uns wie aufgelöst empfinden. Ich bin kein kompetenter Meditationsmeister und kann Ihnen deshalb keine letztgültigen Antworten zu diesem Thema geben. Ich weiß nur aus eigener Erfahrung, daß solche Erlebnisse bei manchen Menschen Sorgen auslösen und bin deshalb der Meinung, daß eine gesunde Erdung im Alltagsleben und die Abkehr von Schwärmereien und der Neigung, zuviel in erhoffte oder vermutete, aber noch nicht praktisch bereiste und erkannte, spirituelle Ebenen hineinzugeheimnissen, ein guter Schutz ist.

Kräfte

Unvermeidlich werden sich mit der Zeit besondere »mediale« Kräfte bemerkbar machen, wenn Sie längere Zeit meditieren und sich für das ganze Leben offen halten. Ob Ihnen nun die Arbeit leichter von der Hand geht, Sie die Herzen, Gefühle und Gedanken der Menschen wie offen vor Ihnen liegen sehen, oder Sie Heilkräfte in sich spüren – von medialen Kräften wie Telepathie, Hellsehen und Hellhören, Bilokation, und so fort einmal ganz abgesehen – Meditation verändert innerlich und äußerlich (bis hin zur buchstäblichen Verschönerung und Verjüngung Ihrer Gesichtszüge!). Gieren Sie nicht nach Kräften, setzen Sie sie – wenn überhaupt – sparsam und sinnvoll ein, machen Sie sich nicht zum Sklaven von noch so wundersamen und eindrucksvollen Kräften. Unser Ego ist auf ungewöhnlich subtile Weise bestrebt, sich immerzu und überall hineinzumischen. Wenn wir nicht eins mit Gott sind, sind die Chancen 99,9 %, zu 0,1 %, daß wir übernatürliche Kräfte falsch gebrauchen. Wir haben ja im Regelfall noch nicht einmal die uns jahrelang vertrauten Kräfte des Körpers, des Gemüts und des Verstandes im Griff – man sehe sich Leid und Not und Krieg und Streit in den Familien und in der Welt nur an – wie sollen wir da einigermaßen sicher sein, die uns noch praktisch völlig neuen astralen Energien richtig handhaben zu können? Auch hier mag die Anleitung durch einen kompetenten Lehrer und/oder das aufrichtige Gebet helfen, die richtige Richtung einzuschlagen.

Die Suche nach einem Meditationslehrer

Suchen Sie einen Lehrer oder einen Meister? Wollen Sie Techniken kennenlernen und kundige Führung auf dem einen oder anderen Bewußtseinsweg erfahren, oder sich auf das Abenteuer eines Erlösungs- und Erleuchtungswegs einlassen? Suchen Sie einen Guru, um Selbstverwirklichung zu erlangen oder um Ihre Alltagsprobleme zu lösen, oder beides? Die gesamte Meisterthematik läßt sich hier nur andeutungsweisc ansprechen. Ich selbst bin auf mehreren Wegen mit und ohne Meister gegangen und weiß bis heute noch nicht, ob es eine Antwort für alle Menschen oder viele Antworten sogar für den einzelnen gibt. Ich habe Meister hoher Vervollkommnung kennenlernen dürfen und solche, die sich nur als solche ausgaben. In Indien, in der Lehre des Sant Mat, der Wissenschaft der Seele, gibt es den Ausspruch: »Nur ein wahrer Meister kann einen wahren Meister erkennen.« Damit sind Dilemma und Paradox skizziert. Als Schüler brauche ich einen Meister, kann ihn aber noch gar nicht einschätzen. Wie also (aus-)suchen? Ich will mich nicht davor drücken, Antworten – manche in Frageform – wenigstens als Angebot vorzuschlagen.

Prüfsteine sind unter anderen:

- Was ist Ihre Motivation für Meditation?
- Suchen Sie einen Lehrer oder einen Meister?
- Was erwarten Sie von einem Lehrer oder Meister oder Guru?
- Hilfe für die Beruhigung des Gemüts, für mehr Harmonie im Leben, eine entspanntere und kreativere Lebensführung? Oder Lösung von spezifischen Problemen? Oder Hilfe bei der Bewußtseinserweiterung? Oder suchen Sie Erleuchtung?
- Lebt der Lehrer bzw. Guru, was er lehrt?
- Spricht er von sich und von seinen Kräften, oder davon, was in jedem Menschen angelegt ist?
- Spricht er respektvoll und dankbar von seinen eigenen Lehrern, oder stellt er es so hin, als ob er sich selbst alles erarbeitet habe?
- Sind die Übungsanleitungen ganzheitlich oder nicht?
- Erstrecken sie sich auch auf die Ernährung, auf die praktizierte Liebe gegenüber dem Lebensrecht der Tiere? Auf den karmisch möglichst wenig belasteten Erwerb des Lebensunterhalts? Auf die Verantwortung für das Raumschiff Erde? Oder führt der vorgeschlagene Weg in die Abkehr oder die Negation, in die Flucht aus der Schöpfung?
- Werden Ergebnisse in einem Lebensbereich erstrebt zu Lasten eines anderen Bereichs? Soll also höheres Bewußtsein etwa gegen natürliche Ernährung, Ausübung eines

bürgerlichen Berufs, ein normales Familien- und Partnerschaftsleben oder Lebensfreude einschließlich auch sexueller Liebe eingetauscht werden?

- Vertritt der Lehrer/die Lehre Ausschließlichkeitsansprüche und unterteilt in eine eingeweihte und deshalb privilegierte und spirituell als weiter entwickelt ausgewiesene Elite und alle anderen? Oder ist er offen dafür, daß andere Menschen auf anderen Wegen gehen und möglicherweise dieselben Ziele erreichen?
- Hat er bzw. die Lehre die Wahrheit »gepachtet«?
- Geht es um Selbstverwirklichung, Gotterkenntnis, Lebenssinn, Menschlichkeit oder um die Erlangung magischer Kräfte und Macht?
- Sind die Ergebnisse der Übungen praktisch spürbar oder wird blinder Glaube erwartet?
- Vertritt der Lehrer/die Lehre den Anspruch, gegenüber Andersdenkenden und/oder Andersgläubigen bestimmte »Erlösungspflichten« notfalls gegen deren Willen und notfalls sogar mit Gewalt durchzusetzen?
- Gibt es unverrückbare Dogmen, deren Glauben beschworen werden muß, bevor man der Seligkeit teilhaftig werden kann?
- Beruht die Teilnahme an Übungen und Zeremonien, der Beitritt sowie der eventuelle Austritt auf Freiwilligkeit oder sind Elemente des psychologischen Drucks spürbar? Sollen Sie selbst vielleicht auch »missionieren«?
- Ist der Lehrer Herrscher oder Partner?
- Fühlen Sie sich bei Ihrem Lehrer oder Ihrer Lehrerin wohl? Fühlen Sie sich innerlich ruhiger, friedvoller, liebevoller?
- Fühlen Sie sich mehr Sie selbst?

Tatsache ist, daß selbst dieser kurze Katalog weder von den meisten Kircheninstitutionen noch von politischen bzw. sozialen und auch nicht von psychologischen Lehren erfüllt wird – schon gar nicht von selbsternannten Meditationsgurus. Entweder muß Jesus Christus der einzige Erlöser sein, oder Mohammed der letzte Prophet, oder der Messias wird überhaupt noch erwartet. Entweder ist es dieser Ismus oder jener, diese Partei oder eine andere – und selbst die Psychologen, die vermeintlichen »Wissenschaftler« der Seele, hängen verschiedenen, sich gegenseitig ausschließenden Dogmen an und bekämpfen sich. Ganz zu schweigen übrigens von einer Garde ebenfalls selbsternannnter Hüter vermeintlicher »Wissenschaftler«, die glauben, daß das Abendland vom Untergang bedroht ist, wenn über feine Schwingungen auch nur öffentlich berichtet wird. Solche Apostel der naturwissenschaftlichen Religion des physikalisch Meßbaren vergiften leider immer noch und immer wieder die geistige Atmosphäre, vor allem in den Massenmedien.

Ich weiß das aus eigener Erfahrung, weil nach meinem letzten Terra X-Film für das ZDF über den Chaco Canyon und die Anasazi-Indianer eine Kleinkampagne einsetzte, die unter anderem auch kurz erwähnten Phänomene von unsichtbaren und dennoch wirksamen Energien an diesem Ort der Kraft als Betrug, Aberglauben oder Hokus-Pokus abzutun. Zur Genüge sind auch die teilweise sinnvollen, teilweise aber eben auch völlig absurden und inquisitorischen Aktivitäten sogenannter Sektenpfarrer bekannt, die unter dem Mäntelchen der Nächstenliebe den alleinseligmachenden Vorzug ihrer jeweiligen Kirche an den Mann/an die Frau bringen wollen – mit allen gesellschaftspolitischen Machtmitteln und

Konsequenzen. Auch manche gut getarnten oder offen vorgetragenen Missionen im Namen von Schulmedizinern und Pharmaindustrie gegen eine freie, selbstbestimmte Naturheilkunde und ihre Medizin gehören in diese Kategorie.

Ich erwähne diese Beispiele, weil sie direkt mit unserer Bewußtseinshaltung bei der Suche nach einem geistigen Lehrer zu tun haben. Wir bedürfen ja einer höchst entwickelten Unterscheidungskraft, um festzustellen, wo unser Weg liegt: zwischen schwärmerischem Unfug, mystischer Aufschneiderei, fragwürdigen magischen Kräften, Absolutheitsansprüchen, Elitedenken, spiritueller Arroganz und so fort. Um es unmißverständlich mitzuteilen: Praktisch alle großen Mystiker des Ostens sagen, daß ohne lebenden Lehrer oder Meister kein echter Fortschritt möglich sei. Selbst Krishnamurti hatte in Jugendjahren einen von ihm glutvoll verehrten Meister. Auch Ramana Maharshi antwortete auf die rhetorische Frage, er selbst habe doch keinen Meister gehabt, mit der Gegenfrage, woher der Fragende denn das wissen wolle – er habe ja möglicherweise unbekannte, innere Meister gehabt. Die Hilfe – manchmal auch Gnade genannt – des kompetenten Kundigen ist notwendig, um voranzukommen, und gleichzeitig heißt es zu Recht, das eigene Selbst sei der wahre Meister. Solange wir im Bewußtsein von vermeintlicher Dualität verhaftet sind, bedürfen wir der Polarität des Lehrer-Schüler-Verhältnisses; sobald wir uns erkannt haben als das, was wir sind – unbegrenztes bewußtes Sein – ist dieses, was wir *sind*, auch gleichzeitig unser »Meister«. Es ist schon wirklich verzwickt!

Warum fällt es uns Menschen eigentlich so schwer, andere Menschen und deren Wege auch gelten zu lassen? Vielleicht, weil wir noch nicht gelernt haben, uns selbst zu erkennen und uns selbst anzunehmen. Für mich ist Freiheit kein Widerspruch zu Verantwortungsbewußtsein, Liebe zu einem Menschen kein Widerspruch zu Liebe für andere. Wißbegierde und die Einsicht, Hilfe und Führung für die Meditation und zur Erkenntnis und Erfüllung des Lebens zu brauchen, ist kein Widerspruch zur Bewahrung innerer Unabhängigkeit, auch gegenüber einem »Guru«, gerade nicht gegenüber einem wahren Guru! Ich möchte gleichzeitig kritikfähig *und* spirituell offen sein, intellektuell wach *und* für übersinnliche Kräfte empfänglich bleiben. Wenn wir Lehrer suchen, können wir leicht akzeptieren, daß sie Wissen und Weisheit innerhalb relativ enger Grenzen vermitteln. Wenn wir Meister suchen, suchen wir einen Menschen, der durch sich alle wesentlichen Ebenen und Formen von bewußtem Sein offenbart – die irdischen und die überirdischen – und das in *Liebe*! Diesem Ideal kamen nach meiner Erfahrung Sant Darshan Singh und sein Nachfolger, Maharaji Rajinder Singh, am nächsten. Ramakrishna, Yogananda, Ramana Maharshi und Ananda Mayee sprechen mich auf eine Weise an, daß ich – obwohl ich sie nie persönlich kennenlernte – von ihnen auch annehme, daß sie Weisheit und spirituelle Vollkommenheit mit wahrer Liebe verbanden. Ebenso fühle ich mich von einigen christlichen Mystikern auf dieselbe Art angerührt – allen voran von Meister Eckehart. Aus der Politik zähle ich Robert Muller zu den großen Geistern, die echte Inspiration und Liebe zur Schöpfung mit sehr irdischen Detailkenntnissen von gesellschaftlichen und kulturellen Lebensbedingungen verbinden. Mutter Teresa ist ein einzigartiges Licht für Menschenliebe.

Es steht zu hoffen, daß die geplante große Konferenz der Religionen in Chikago 1993, das »Weltparlament der Religionen«, einen Durchbruch zur globalen Toleranz *aller* Lebens- und Glaubenswege mit sich bringt, und daß die Vereinten Nationen und alle nationalen und staatlichen Behörden sich dazu durchringen werden, Meditation, Momente der Stille und Besinnung, Teil der Lehrpläne an den Schulen und des Geschäftsablaufs in den politischen Parlamenten werden zu lassen. Bitte glauben Sie nicht, daß das reine Utopie sei. An der UNO in New York und einigen nationalen Parlamenten wurden inzwischen Meditationsräume eingerichtet.

Was hat das mit der Suche nach einem Meditationslehrer zu tun? Wenn wir endlich einmal soweit sind, in größerem sozialen Rahmen, ohne Dogma, ohne Vorurteile und ohne Gehässigkeit über geistige Wege miteinander zu sprechen, dann wird es uns auch leichter fallen, akzeptable »Standards« für spirituelle Lehren und für Meditationslehrer zu finden. Bislang sind die Gegner von Spiritualität und Mystik, die Angst vor dem großen Unbekannten der überirdischen, nicht konfessionell gebundenen Dimension hegen, hauptsächlich damit beschäftigt, die spirituell Suchenden zu verunsichern und spirituell Lehrende zu diskreditieren, soweit diese nicht ihren Gemeinschaften angehören. Und die spirituell Suchenden sind oft damit beschäftigt, ihren jeweils gerade gewonnenen Stand der Erleuchtung zu verteidigen oder ihren Lehrer zu rechtfertigen.

Der folgende Abschnitt ist höchst geeignet, Licht in dieses Dunkel zu bringen, bzw. die Unrast dieser Auseinandersetzungen zu besänftigen. Noch ein ganz praktischer Hinweis: Meditationskurse auf einem guten Standard bieten oft Lehrer, die Mitglieder des Berufsverbandes Deutscher Yogalehrer (BDY), sind; des weiteren auch viele Volkshochschulen. Als Impuls für Ihre weitere Suche – fragen Sie in Ihrer Buchhandlung in der Esoterikabteilung nach möglicherweise aufliegenden Programmen – nenne ich hier einige Namen von Lehrern, die ich persönlich empfehlen kann: Pir Vilayat Khan, der Sufilehrer; Maharaji Rajinder Singh, der Meditationslehrer für inneres Licht und inneren Klang; Pater Willi Massa in der Neumühle im Saarland; Gayan S. Winter, Erich Keller, Dr. med. Heinrich Klaus.

Aus der Stille wächst die Kraft

Bei den Dreharbeiten zum Film über den Chaco Canyon sind wir oft sehr früh am Morgen, um drei Uhr etwa, aufgestanden, um nach einer längeren Anfahrt über Schotterstraßen in teilweise klirrender Kälte unsere Filmgeräte aufzubauen. Wir wollten die Mystik der Sonnenaufgänge im Land der Anasazi, nordwestlich von Santa Fe in Neu-Mexiko, miterleben und den Zuschauern nahebringen. Ein Freund, der sensible Kameramann Hermann Engel, erinnerte uns immer wieder daran, auf die Stille zu lauschen. In diesen frühen Morgenstunden in einer fast menschenleeren unbesiedelten Ecke unseres Planeten haben wir äußere Stille erfahren dürfen. Industrie gibt es dort nicht, Zivilisationslärm deshalb auch nicht. Weder Autogeräusche noch Maschinen, auch keine Flugzeuge, stören die Stille der Natur. Um diese Tageszeit rührt sich auch die Tierwelt der Hochsteppe noch nicht, man hört noch keine ersten Vogelrufe oder das Heulen der Cojoten. In Indien, in der Türkei, in Mexiko und Guatemala zum Beispiel habe ich diese Stille nie so erleben können – von Mitteleuropa ganz zu schweigen. Das Schweigen der Erde, unter einem Himmel, der weder Licht noch Dunkel ist, ist beredt. Es schwingt, ohne zu tönen. Es besänftigt, ohne sich bemerkbar zu machen. Es gibt nichts zu tun, nichts zu hoffen, nichts zu fürchten. Wir *sind*.

Ohne es genau bestimmen oder beschreiben zu können, fühlten wir uns hinterher immer eine längere Zeit innerlich sicher und äußerlich ruhig. Wer die Natur liebt und ähnliche Erfahrungen gemacht hat, wird diese Gefühle sicher bestätigen können. Die Stille »trägt«, ohne daß wir wissen, was und warum und wozu sie trägt. Ähnliche, aber nicht gleiche, Erlebnisse hatten wir in der Nacht, beim Dämmerlicht zwischen Tag und Nacht. Ein orangeroter Abendhorizont glühte noch von der untergehenden Sonne und verlief in den allerfeinsten Schattierungen, wie ein Aquarellbild, allmählich nach oben ins Türkise und bis hin ins Nachtblaue, in dem ein weißer Mond und die Venus als heller Abendstern vom Rhythmus des Erdenlebens kündeten. Nicht lange, und das Nachtblau wandelte sich in ein Tiefschwarz mit einem, in Europa wegen der Umwelt und vor allem Luftverschmutzung unbekannten, funkelnden Sternenfirmament. Die Stille der Nacht wird bewegt vom Funkeln der Sterne, sie artikuliert sich in ihnen. Jede Gelegenheit, Stille in der Natur wahrzunehmen, sollten Sie bitte nutzen. Es gibt kaum etwas so subtil und umfassend Heilsames wie eine solche Stille. Manchmal vermittelt sich die Kraft äußerer Stille auch an alten heiligen Plätzen oder an heiligen Bauten, die nicht von

Tourismus, Kommerz oder Exklusivdogmen heimgesucht werden (worden sind). Die Abbaye de Senanque in Südfrankreich ist für mich ein solcher Ort – sie kennen sicher selbst mehrere andere. (In der Taschenbuchreihe »Magisch reisen« werden zahlreiche Plätze genannt; siehe Literaturverzeichnis.) Auch die Betrachtung von manchen Bildern alter Meister oder bestimmte Mandalas vermitteln äußere Stille und stellen so eine Brücke für die Stille des Geistes dar. Ich habe die äußere Stille vorangestellt, weil sie uns eine Hilfe sein kann, zur inneren Stille zu finden.

Selbst in Europa können wir zumindest mehr in die äußere Stille gehen, als vielen bewußt ist. Wir können damit anfangen, Fernseher, Radio und Kassettenrekorder nur dann laufen zu lassen, wenn wir etwas ganz Bestimmtes wirklich hören bzw. sehen wollen, und diese Geräte sonst immer gleich wieder auszuschalten. Auch andere technische Geräte – Staubsauger, Spülmaschine, Computer usf. – können wir bewußter, das heißt weniger häufig, laufen lassen. Autos und Gartenmaschinen ohnehin. Joachim-Ernst Behrendt hat mit seiner Arbeit und seinen Büchern (u. a. »Ich höre, also bin ich«) eine neue bewußte Hörkultur und damit auch Kultur der Stille entscheidend gefördert. Die äußere Stille fördert die innere Stille. Die innen gewonnene Stille bleibt auch still, wenn es außen laut ist. Das Wesen der Stille ist bewußtes Sein, ohne von den wechselhaften Bildern des Lebens berührt zu werden. Bleibe ich innerlich still, wenn ich diese Gedanken zum Ausdruck bringe und gleichzeitig jemand hereinkommt und von mir etwas möchte? Das »Ziel« von Stille ist Öffnung für das Wesentliche, für die überpersönliche Lebenskraft aus der Mitte. Silesius' Wort klingt an: »Mensch, werde wesentlich.« Die Beruhigung der Gedanken, die Gelassenheit der Gefühle, nicht etwa die Unempfindlichkeit oder gar Hartherzigkeit gegenüber dem Leben und die erwartungslose Sammlung gehören zur Stille. Wunschlosigkeit ist ein weiteres Element – selbst der Wunsch, vollkommen oder erleuchtet oder heilig zu werden oder zu sein führt heraus aus der Stille. Kann es »Übungen« zur Stille geben? Sind Übungen nicht wiederum eine Aufforderung zum Tun, zur Geschäftigkeit, zum Wollen, zum Streben? Alles kann Hilfe und alles kann Hindernis sein. Es kommt darauf an, wie unser Bewußtsein ausgerichtet ist. Manche Menschen bekommen Angst, wenn es heißt, daß sie für zehn Minuten die Augen schließen, nichts tun und nur still sitzen oder liegen sollen. Andere dagegen sind dankbar dafür, endlich einen »Vorwand« zu bekommen, alle Lasten und Sorgen loszulassen und sich in das schützende Dunkel der Stille fallen zu lassen.

Übung:

Innere Stille

▷ Eine einfache äußere Vorbereitung zur inneren Stille ist das bewußte Hören auf möglichst *alle* Geräusche, die früh morgens oder spät nachts noch zu hören sind und seien sie noch so geringfügig. Das schult das Gehör und die Aufmerksamkeit und Sie werden überrascht sein, wie viele Töne, Geräusche und Klänge noch in der vermeintlichen absoluten Stille zu hören sind.

▷ Eine innere Vorbereitung ist zum Beispiel das Hören auf den inneren Tonstrom, mit dem die Meister des Sant Mat – jetzt Maharaji Rahinder Singh – verbinden. Dadurch entwickeln wir die Fähigkeit des inneren, spirituellen Hörens und stellen fest, daß sich in der vermeintlichen Stille des Seelenlebens sehr viel »tut«.

▷ Stille, die uns seelisch und menschlich-irdisch trägt, ist Stille des Herzens und Stille der Seele. Das ist die Stille des echten Gottvertrauens oder des tiefen Vertrauens in uns selbst, in das Leben. Wir können diese Stille entwickeln, entdecken oder gewinnen, indem wir unsere Wünsche aufgeben. Das ist natürlich mit das Schwerste. Wir sollten jede Hilfe dabei, die wir bekommen, dankbar annehmen. Was kann ich Ihnen darüber schon mehr sagen, als daß ich diese Stille manchmal ahne?

Im nächsten Abschnitt wollen wir einen Aspekt von Stille genauer anschauen und »üben«, mit dem wir Menschen oft gar nicht zurecht kommen. Ein Zitat von Silesius möge dieses Thema beschließen:

»Geschäftig sein ist gut, viel besser aber beten;
Noch besser: stumm und still vor Gott, den Herren, treten.«

Meditation über den Tod

Ein schwieriges Kapitel, ein delikates Thema. Wie könnte jemand von uns, die jetzt im Körper leben, darüber versuchen, etwas »Letztgültiges« zu sagen. Sie werden die Berichte über Nahtoderlebnisse oder Erfahrungen von Menschen, die als »klinisch tot« galten, gelesen oder von ihnen zumindest gehört haben. Dabei geht es dann um das Leben nach dem Tod oder das Leben nach dem Leben. Diese Berichte stimmen insoweit mit Meditationserfahrungen aus anderen Ebenen überein, als hier wie dort von dunklen Tunneln erzählt wird. An ihrem Ende gehen die Seelen in unterschiedlich strahlendes Licht, begegnen zuweilen Lichtgestalten, mitunter lieben Menschen, denen sie sich verbunden fühlten und die vor ihnen den physischen Körper verlassen haben, oder auch Geistführern, die ihnen weiterhelfen; sie sehen wunderschöne Landschaften und fühlen eine auf Erden nie gekannte Harmonie in sich und um sich. Manche berichten davon – sowohl bei Nahtoderlebnissen nach Unfällen oder Operationen, wie in der Meditation und manchmal auch im Traum –, daß sie ihren Körper liegen sahen, während sie gleichzeitig diese Szenen aus anderen Dimensionen wahrnahmen. Ähnliche Berichte gibt es eigentlich auch von sogenannten Rückführungen, wenn nach den Erlebnissen *nach* einem physischen Tod in einem früheren Leben geforscht wurde. Inzwischen gibt es eine wunderbare Fülle von Büchern, die Mut machen, die uns das »Stirb und Werde« voller Zuversicht annehmen und gestalten lassen.

Dennoch: Wir *wissen* nur wenig, so viel wir *glauben* oder *spüren* mögen. Was wir wissen, sollte allerdings ausreichen als

Impuls, sich mit dem Tod in einer angemessenen Weise auseinanderzusetzen. Wir wissen nämlich, daß wir *alle* eines Tages unseren Körper ablegen werden (müssen). Also ist es sinnvoll, sich damit zu beschäftigen, was »danach« kommt. Wenn wir in ein fremdes Land fliegen, ohne vorher die dort herrschende Sprache wenigstens in Ansätzen gelernt zu haben, wird die Tatsache, daß wir dort auf einem Flughafen landen, uns keineswegs auf magische Weise dazu verhelfen, diese Sprache plötzlich sprechen zu können. Erneut heißt es, eine Balance zu finden zwischen der notwendigen Auseinandersetzung mit Tod und Sterben und einer Gelassenheit im Umgang damit, die alles Neurotische von vorneherein vermeidet. Viele von Ihnen werden schon von Elisabeth Kübler-Ross gehört haben, aber für die anderen möchte ich an dieser Stelle die Arbeit dieser wunderbaren Frau erwähnen. Ihre Sterbehilfe für Erwachsene und vor allem für Kinder wird in einer Reihe von Büchern dokumentiert, die allesamt sehr empfehlenswert sind. Es sind Dokumente tiefer menschlicher Wärme, großen Verständnisses und hoher Spiritualität. Wenn wir also nichts daran ändern können (und womöglich auch gar nicht wollen), daß wir den Körper eines Tages abstreifen, so ist es indes nützlich, die Art und Weise und die Gemütsreaktionen darauf selber bewußt mitzubestimmen und mitzuerleben. Das »Tibetische Totenbuch« ist ein Leitfaden, der – auf sehr esoterische Weise übrigens – helfen soll, die Seele vom Moment des Sterbens an in die höchstmögliche Bewußtseinsregion zur weiteren Vervollkommnung zu führen (siehe Literaturverzeichnis). Auch das »Ägyptische Totenbuch« und das der Mayas dient demselben Zweck.

Sie werden auch von sogenannten Jenseitskontakten mit

den Seelen körperlich Verstorbener gehört haben. Es geht letztlich jedoch um uns. Wollen wir bewußt gehen? Können wir uns überhaupt vorstellen, daß das möglich ist? Oder wollen wir lieber »einschlafen«? Große Geister kennen die Stunde Ihres Weggangs und bereiten sich darauf vor. Viele Tiere übrigens auch! Es scheint in uns, wenn wir einigermaßen wach sind, so etwas wie eine innere Ahnung zu geben – bei manchen ein sicheres Wissen. Ramana Maharshi wurde kurz vor seinem Weggang 1950 gefragt, ob er sehr unter den Schmerzen eines Tumors am Arm leide, da er sich nie Schmerzen anmerken ließ. Er hat darauf geantwortet, daß auch ihm Schmerzen nicht fremd seien, er aber *wisse*, daß er nicht der Körper *sei*, sondern ihn nur zeitweise *habe*. Als seine Schüler später angesichts des bevorstehenden Tods weinten und ihn fragten, was sie denn ohne ihn ganz allein machen sollten, antwortete Ramana: »Wohin soll ich denn gehen, wo ich nicht jetzt schon bin?« Ähnliches wird aus den letzten physischen Lebensjahren des großen Mystikers Sant Darshan Singh berichtet, der seinen Körper im Mai 1989 verließ. Er litt körperlich schwer. Wenn immer er aber eine Funktion erfüllten mußte oder wollte – eine religiöse Ansprache zum Beispiel, einen Krankenbesuch, eine Meditationsanweisung, ein Gespräch über Friedensinitiativen oder soziale Hilfsprogramme – fuhr wie aus heiterem Himmel ein Blitz übernatürlicher Lebenskraft in ihn ein, und er widmete sich diesen Aufgaben mit solcher Hingabe, Konzentration, Liebe und Güte, daß kein normaler Beobachter irgendein Leiden vermuten konnte. Auch er wußte lange vor seinem Weggang, wann er diese Dimension verlassen würde und traf – teils im stillen, teils offen – genaue Vorbereitungen, damit sein Weggang keinerlei unbillige Schmerzen oder Probleme aufwerfen würde.

Vermutlich kennen Sie selbst in Ihrer Familie oder Bekanntschaft den einen oder anderen Menschen, der ebenfalls mit »schlafwandlerischer« Sicherheit die letzten Monate, Wochen und Tage »plante«. Kabir, ein bedeutender Weiser des indischen Mittelalters, der sowohl von Hindus wie von Muslimen als Heiliger verehrt wurde, sagte einmal: »Warum sollte ich mich vor dem Tode fürchten? Wurde ich je kleiner? Ich starb als Stein und wurde als Pflanze geboren. Ich starb als Pflanze und wurde als Tier geboren. Ich starb als Tier und wurde als Mensch geboren. Ich sterbe als Mensch. Werde ich geringer?« Meister Eckehart zitiert in einer Predigt über den Tod einen christlichen Meister mit der fast identischen Aussage: »Die Natur zerbricht nie, sie gäbe denn ein Besseres dagegen.« Er selbst formuliert bekanntlich: »Seid in der Welt, aber seid nicht von der Welt« und sagte in einem ähnlichen Zusammenhang: »Gott, dem stirbt nichts, alle Dinge werden in ihm lebendig,« und, »soweit unser Leben wesentlich ist, insoweit ist es in Gott.« Es ist schwierig, nüchtern und positiv und dennoch nicht fromm oder glaubenserheischend zu beschreiben, was Tod bedeuten kann.

Welche eigenen Erfahrungen können wir von der Ewigkeit und Unveränderlichkeit unseres Wesens, unserer Seele, unseres bewußten Seins gewinnen? Welche praktischen »Vorbereitungen« für das körperliche Sterben und den körperlichen Tod können wir treffen? Mit der Einschränkung, daß ich weder bereits spirituell erleuchtet noch jetzt körperlich tot bin, aber ohne alle Umschweife, darf ich aufgrund meiner Erfahrungen sagen: Meditation ist die beste Methode, um über erste Einblicke in unser Wesen zur alles durchdringenden Lebensgewißheit zu gelangen, daß wir Bewußtsein *sind*!

Zu den praktischen Vorbereitungen gehört zweierlei.

Das bewußte zeitweise Sammeln und Zurückziehen der Aufmerksamkeit und der Wahrnehmungsfähigkeit der Seele, die Öffnung für das innere Licht und der Heimweg der Seele zu ihrem Ursprung, das ist eines.

Das zweite ist eine vorbehaltlose, kreative, aktive und mitfühlende Anteilnahme am *Leben* und der Mut, seinem Leben einen *Sinn* zu geben.

Während vielerlei Meditationsformen dazu dienen, die Wahrnehmungsfähigkeit der Seele zu entwickeln, gibt es ungleich weniger, welche die Sammlung der Seele und ihre Rückkehr in ihren Ursprung in den Mittelpunkt stellen. Die im IV. Hauptteil dieses Buches beschriebene Methode ist ein solcher Weg. Ich möchte Ihnen hier zunächst jedoch einen Vorschlag machen, sich in einer Art Fragemeditation auf das Thema Tod einzulassen. Diese Übung ist hochwirksam, auch wenn sie in ein schlichtes Gewand gekleidet ist. *Es hängt dabei fast alles von Ihrer Bereitschaft ab, auf die innere Stimme zu lauschen!*

Übung:

**Was stirbt?*

▷ Dauer ca. 15–20 Minuten.

▷ Sinn der Übung ist es, sich intensiv und gelassen zugleich auf das Thema Tod einzustellen und zu erlernen, damit positiv umzugehen.

▷ Sie können die Übung im Sitzen oder im Liegen durchführen, wie Sie mögen. Lockern Sie sich erst ein bißchen, schütteln Sie sich aus. Diese Übung soll und wird Ihnen Freude bereiten – setzen Sie also keine »Leichenbittermiene« auf, nur weil unsere eingefleischten Assoziationen außen in Richtung »schwarz«, »Trauer« und »Tränen«, und innen zu »Angst«, »Angst« und »Angst« gehen mögen. (Sie wissen wahrscheinlich, daß Esoteriker und Psychologen jede Form von Angst letztlich auf Todesangst zurückführen.)

▷ Erlauben Sie sich in der Übung jede Form der Gemütsregung, die sich in Ihnen ausdrücken will – sei es Weinen oder Lachen, Unsicherheit oder Selbstvertrauen.

▷ Schließen Sie die Augen. Lassen Sie mit den ersten paar Atemzügen mit dem Ausatmen Tagessorgen los, entspannen Sie sich im Körper und im Geist. Nun beginnen wir mit einer Folge von Fragen, die Sie sich nach und nach selbst vorlegen, ohne zu urteilen oder zu werten, welche Assoziationen, Bilder, Gefühle,

Einsichten oder Reaktionen diese Fragen in Ihnen auslösen. Versuchen Sie gleichzeitig sich öffnende Seele und stummer Beobachter zu sein.

▷ Spüre ich Schmerzen oder einen Verlust, daß jeden Tag, jede Minute viele kleine Zellen in diesem Körper sterben?

▷ Spüre ich Freude oder einen Gewinn, daß jeden Tag, jede Minute viele kleine Zellen in diesem Körper geboren werden?

▷ Spüre ich Schmerzen oder einen Verlust, daß jeden Tag, jede Minute sich alte Gedanken auflösen? Spüre ich Freude oder Gewinn, daß sich stetig neue Gedanken bilden?

▷ Spüre ich Leid, wenn Gefühle vergehen? Spüre ich Freude, wenn Gefühle entstehen?

▷ Ich denke an den Mond und seinen Kreislauf – Dunkelmond – Neumond – zunehmender Halbmond – Vollmond – abnehmender Halbmond – Neumond

▷ Spüre ich den stetigen Fluß des Lebens?

▷ Fühle ich mich getragen, mitgerissen?

▷ Möchte ich mich immer in diesem Strom befinden?

▷ Wann möchte ich gern aus diesem Fluß heraussteigen? Unter welchen Umständen?

▷ Was möchte ich zuvor noch erledigen? Was ist mir wichtig? Wenn ich noch 10 Jahre Zeit habe, was ist mir wichtig? Wenn es noch 1 Jahr ist, was ist mir wichtig? Wenn es noch einen Monat Zeit gibt? Noch eine Woche? Noch einen Tag? Noch eine Stunde? Noch eine Minute?

▷ Möchte ich, kann ich diese eine Minute gesammelt bleiben im Selbst, ganz in meiner Seele, ganz in der Schöpferkraft, ganz in Gott?

▷ Wenn ich nun meinen Körper verlasse und gehe, wohin gehe ich? Was empfängt mich auf der anderen Seite? Was wünsche ich mir?

▷ Stellen Sie sich vor, daß Sie das, was Sie sich wünschen, jetzt erleben.

▷ Was war gestorben? Was lebt weiter? Welche Einsichten darf ich jetzt gewinnen?

▷ Was wird in Zukunft wichtig sein für mein weiteres körperliches Leben?

▷ Danken Sie Ihrer inneren Führung oder Geisthelfern oder Gott oder Ihrer Seele für die Offenbarungen, die Sie erleben durften.

▷ Beenden Sie die Übung mit ruhigem, vertieftem Atmen.

Beachten Sie bewußt, wie Sie sich jetzt fühlen im Vergleich zur Zeit vor und während der verschiedenen Übungsphasen. Hat sich Ihre Einstellung und Ihr Gefühl zum Tod *und* zum Leben verändert? Gibt es Bereiche, in denen Sie weiterarbeiten wollen? Gibt es Impulse, die Ihnen Lebensfreude und Selbstvertrauen vermitteln?

Noch eine zweite Übungsfolge schlage ich vor, bei der Sie nicht mit geschlossenen Augen meditieren, sondern sich mit offenen Augen in Bilder vertiefen und diese auf sich wirken lassen. Es geht um die Tarotkarten, um die

22 großen Arkana. Ich empfehle dazu, daß Sie drei oder vier verschiedene Tarotkartenspiele so zueinanderlegen, daß jeweils die Magier, die Karten 1, dann die Hohepriesterinnen, die Karte 2, usf., auf einen Blick erfaßt werden. Sinnvoll wäre, wenn Sie ein Rider-Waite-Spiel, ein Crowley-Set, ein Tarot der Liebe, ein Marseille-Tarot und ein Tarot der weisen Frauen haben, bzw. sich von Freunden ausleihen. Das ist auch eine gute Anregung für einen gemeinsamen gemütlichen und besinnlichen Nachmittag oder Abend.

Vertiefen Sie sich nacheinander in die Darstellungen zu den Archetypen, die von 1 bis 21 durchnumeriert sind. Lassen Sie sich ein auf die unterschiedlich fröhlichen oder düsteren, aktiven oder passiven, mystischen oder naiven Bilder und Ihre eigenen Assoziationen dazu. Wenn Sie zur Karte 13, »Der Tod«, kommen, beobachten Sie genau, wie Sie auf die verschiedenen Darstellungen reagieren. Was löst das Skelett, der Sensenmann, in Ihnen aus? Und was »Die Verwandlung« im »Tarot der Liebe«, das kein Skelett und auch keine zerstückelten Leiber zeigt, sondern die Metamorphose einer schwarz gekleideten knienden weiblichen Gestalt in einen sich gen Himmel aufschwingenden Seelenvogel.

Gehen Sie dann weiter bis zur Karte 21 und legen Sie sich 3 Fragen vor:

- Welche Karte stellt am besten meine Einstellung zum Tod dar, so, wie ich jetzt tatsächlich fühle?
- Welche Karte stellt jene Haltung dar, die ich gegenüber dem Tod am liebsten hätte?

- Und welche Karte schließlich repräsentiert die Kraft, die mir dabei helfen wird, einen natürlichen und positiven Umgang mit dem Tod zu entwickeln?

Wer bin ich?

»Von Dämmerung zu Dämmerung, laßt uns von Frieden sprechen und der Botschaft der Liebe lauschen; die regenschweren Wolken Sawans umhüllen die Taverne der Zeit – Oh Mundschenk, laß den Kelch der Liebe herumgehen, wieder und wieder und wieder.« Sant Darshan Singh, Aus »Eine Träne und ein Stern«.

Sie erinnern sich an die Meditationsübung mit der Frage »Wo bin ich?« aus dem II. Hauptteil. Jetzt gehen wir einen entscheidenden Schritt weiter. Die Suchfrage »Wer bin ich« wurde von Ramana Maharshi zeit seines Lebens als einzige Art der formalen »Lehre« vermittelt – er wirkte vor allem durch seine innen wirksame Ausstrahlung. David Godman hat eine wunderschöne Zusammenstellung wesentlicher Einsichten von Ramana Maharshi unter dem Titel »Sei, wer Du bist« vorgelegt (in deutsch im Scherz Verlag, siehe Literaturverzeichnis). Darin geht es u. a. um Karma und Reinkarnation, um Guru und Gnade – im Vordergrund steht jedoch die Selbsterkenntnis mit der Suchfrage »Wer bin ich?«

Ramana Maharshi ist einer der interessantesten Weisen Indiens aus diesem Jahrhundert, er lebte in Tiruvannamalai in Südindien bis 1950. Er prägte Sätze wie: »In Wirklichkeit gibt es keinen spirituellen Fortschritt. Gäbe es einen Fortschritt, so gäbe es einen Anfang und ein Ende. Das Selbst ist aber immer das Selbst, unveränderlich, ewig, seiend, bewußt«; und: »Reinkarnation existiert nur so lange, wie Unwissen besteht. In Wirklichkeit gibt es überhaupt keine Reinkarnation, weder jetzt noch früher. Noch wird es sie in der Zukunft geben. Das ist die Wahrheit.« Nur das niedere Ich, das Ego mag reinkarnieren; das Selbst wird weder geboren noch stirbt es, also kann es sich auch nicht reinkarnieren. Ramana Maharshi befaßte sich nicht mit magischen Kräften, noch empfahl er, sie zu suchen oder auszuüben. Obwohl viele Schüler von allen möglichen Wundern berichteten, z. B. daß er ihnen an entfernten Orten erschienen sei oder ihnen auf überirdische Weise geholfen habe, wollte er damit nie etwas zu tun haben. Über die verschiedenen Meditationsmethoden urteilte er nicht, stellte aber ernsthaften Suchern immer wieder die Suchfrage »Wer bin ich?« auf jeweils neue Weise. So wurde er nach dem Wert von Nada Yoga, der Meditation mit der inneren Musik, gefragt und antwortete ungefähr so: Die innere Musik vermag den Übenden in einen Samadhi-Zustand (Erleuchtungszustand) zu schmeicheln – aber es bleibt auch dann noch die Frage zu beantworten, wer erlebt den Samadhi? Ramana Maharshi legte großen Wert auf die Unterscheidung, daß wir es in der Meditation mit drei Faktoren zu tun haben: dem Meditationsgegenstand und den Erlebnissen bzw. Phänomenen in der Meditation, der Art und Weise, wie wir Gegenstand und Erlebnisse wahrnehmen bzw. erfahren, und dem Wesen, welches wahrnimmt. Meditationserlebnisse – Meditationsweise – Meditierender: drei Faktoren, von denen wir zumeist nur zwei, die ersten beiden, beachten. Am allerwichtigsten ist aber die Frage, *wer* meditiert?

Vielleicht denken Sie wie eine nette, aufgeschlossene Dame in einem meiner Kurse bei den PSI-Tagen in Basel, die zum ersten Mal überhaupt an einem Meditationskurs teilnahm: Ich natürlich! Wer sagt ich? Die Antwort ist einfach, aber nicht leicht zu verstehen bzw. zu verinnerlichen, also zu verwirklichen. Eine Reihe von Fragen wird Ihnen sozusagen ein Licht aufgehen lassen. (Sie können statt *wer* auch immer *was* einsetzen.)

- Wer schläft? Ich? Warum träume ich dann?
- Wer träumt? Ich? Welches Ich? Der Körper? Das Gemüt? Die Seele? Wer von denen nimmt den Traum wahr?
- Wer ärgert sich? Wer nimmt den Ärger wahr, wenn ich mich ärgere?
- Wer liebt? Wer nimmt Liebe wahr, wer strömt Liebe aus?
- Wer sieht? Wer oder was schaut aus dem Dunkel, aus dem Loch der Pupillen heraus? Welche Kraft, welches bewußte Wesen, welches bewußte Sein blickt uns an? Und wer sieht inneres geistiges Licht in der Meditation?
- Wer hört? Wer nimmt äußere Geräusche wahr? Und wer hört die innere Musik der Sphären, die unsere körperlichen Ohren ja gar nicht hören können?
- Wer wird geboren? Die Persönlichkeit? Ich? Was ist am Anfang da? Woher kommt der Geist, der den kleinen Körper immer mehr und immer bewußter belebt?
- Wer stirbt? Der Körper? Ist nicht jedes einzelne Molekül unserer Körperform spätestens nach sieben Jahren gegen ein neues ausgetauscht worden? Haben sich nicht unsere Gefühle und Gedanken das gesamte Leben hindurch wesentlich verändert, sind nicht überholte Gemütsbewegungen »gestorben« und neue aufgetaucht?

Das Mysterium Leben. Ich möchte Ihnen eine Meditationsübung mit der Suchfrage »Wer bin ich?« vorschlagen. Es kann sein, daß Sie diese Übung erst durchführen wollen, nachdem Sie über das sechste Chakra, das Augenbrauenzentrum, und die Meditation mit dem inneren Licht und Ton gelesen haben. Leider gibt es noch keine Möglichkeit, holographische Bücher dergestalt zu schreiben und zu lesen, daß man alles gleichzeitig wahrnimmt – das geht nur in der Meditation.

Ich möchte eine kleine »Warnung« voranstellen. Schon die »Wo bin ich?«-Meditation kann Sie auf eine derart intensive Weise mit bisher noch nie gespürten Bewußtseinsebenen »konfrontieren« bzw. Sie dort »hineinwerfen«, daß sich vielleicht Angst einstellt. Angst vor dem großen Unbekannten namens »Weite des menschlichen Bewußtseins«. Das gleiche kann Ihnen in dieser Meditation »Wer bin ich?« geschehen. Es ist, als ob man anhaltend, gesammelt und entspannt sich selbst im Spiegel in die Augen schaut und immer wieder fragt, sinniert, fühlt: *Wer* schaut aus den dunklen Löchern der Pupillen heraus? Ich rate nie zu einem »Crash-Kurs« der gewaltsamen Bewußtseinserweiterung. Das könnte zu psychischen Einbrüchen führen, zu nervlichen Zusammenbrüchen oder seelischen Nöten, die wir nicht mehr alleine bewältigen. Deshalb erneut der Hinweis: *Am besten meditieren Anfängerinnen und Anfänger unter der Anleitung eines kompetenten Lehrers!*

Übung:

**Wer bin ich?*

▷ Dauer ca. 10 Min.

▷ Sinn der Übung mit der Suchfrage »Wer bin ich?« ist es, zum Wesen von bewußtem Sein jenseits der Formenwelt vorzustoßen. Wir wollen erkennen, *wer* meditiert – nicht, *was* wir in der Meditation erleben. Wir wollen uns von der zweifellos oft spannenden Wahrnehmung von zeitlich begrenzten Erscheinungen und Phänomenen des Lebens lösen, darüber hinaus gehen und uns als Sein erkennen.

▷ Setzen oder legen Sie sich bequem, gelockert und sehr wach hin. Notfalls spülen Sie den Mund mit etwas Wasser und befeuchten sich Hals, Nacken, Schläfen und Stirn, um wirklich wach zu sein.

▷ Schnaufen Sie aus, lassen Sie Alltagsangelegenheiten los.

▷ Sitzen oder liegen Sie ruhig, ohne etwas zu wollen oder zu erwarten. Vielleicht reagiert Ihr Körper in den ersten Minuten mit Entspannung in manchen Gliedern und Zonen – achten Sie aber nicht speziell darauf.

▷ Stellen Sie sich dann lautlos, in Gedanken und Gefühlen, die Frage »Wer bin ich?« Warten Sie, ohne irgendeine spezielle Antwort zu erwarten, was Sie empfinden. »Wer bin ich?«

▷ Wenn Gedanken oder Gefühle aufkommen und sich zwischen Sie und Ihre Wahrnehmung schieben, wandeln Sie die Suchfrage ab in »Wer denkt? Wer hat die Gedanken? Wer nimmt Gedankenwellen wahr?« »Wer fühlt? Wer hat Gefühle? Wer wird von Gefühlswellen bewegt?« Geben Sie sich reichlich Zeit.

▷ Fragen Sie dann weiter »Bin ich der Körper oder habe ich einen Körper? – *Wer* hat den Körper?«

▷ »Bin ich meine Gefühle oder habe ich Gefühle? *Wer* hat Gefühle?«

▷ »Bin ich die Gedanken oder habe ich Gedanken? *Wer* hat Gedanken?«

▷ »Wer meditiert?«

▷ »Wer nimmt Meditationserlebnisse wahr?«

▷ »Wer atmet?«

▷ »Wer lebt?«

▷ »Wer meditiert?«

▷ »Wer ist bewußtes Sein?«

▷ Wenn zwischendurch Gedanken, Gefühle, Wärme, Licht, Klänge oder anderes in Ihrem Bewußtsein auftauchen, stellen Sie immer wieder ruhig und gelassen, ohne jede Bewertung, die jeweils abgewandelte Frage »Wer empfindet Wärme?« – »Wer sieht Licht?« – »Wer hört Klänge?«

▷ Gehen Sie einige Male zurück zur Frage »Wer bin ich?« ... »Wer bin ich?«

▷ Beschließen Sie die Übung mit mindestens drei Minuten absichtsloser Stille.

Nach der Übung achten Sie darauf, ob sich etwas in Ihnen verändert hat, ob Sie mehr oder weniger Sie selbst sind, ob Sie sich wohler und besser fühlen oder nicht! Sie werden um so intensiver zum Kern Ihres Wesens werden und Masken unterschiedlicher Herkunft ablegen können, je genauer Sie wertfrei bei der Frage »Wer bin ich?« bzw. »Wer nimmt wahr?« bleiben, sobald bestimmte spezifische Bewußtseinsimpulse eine konkrete und damit relative Form annehmen.

Die Harmonie von Körper, Geist und Seele

Der Begriff »positive Mystik« wurde von Sant Darshan Singh geprägt. Er kennzeichnet ein Kräfteparallelogramm, in dem die Entwicklung der körperlichen, emotionalen, intellektuellen und spirituellen Kräfte völlig gleichwertig sind. Positive Mystik bedeutet, sowohl das irdische Leben mit Liebe und Leid, mit Höhepunkten und Tiefen zu erfahren, als auch unsere geistigen Dimensionen zu erforschen und unser Seelenleben bewußter zu entwickeln. »Das Schwerste auf der Welt ist, ein wahrer Mensch zu sein«, lautet eine Einsicht aus der Sant Mat-Lehre. Die ganzheitliche Verwirklichung unseres Potentials von Körper, Geist und Seele ist wirklich schwierig. Wieviele Gewohnheiten, Vorurteile, kulturelle, rassische, religiöse, soziale und sprachliche Barrieren scheinen dies auf ewig zu verhindern?

Es ist sehr viel leichter, die Welt als schlecht zu deklarieren, sich vom vermeintlichen Getriebe zurückzuziehen und sich mehr oder minder asketische Übungen aufzuerlegen, als die Herausforderung anzunehmen, in der Welt zu wirken für die Verbesserung der irdischen Lebensbedingungen und gleichzeitig doch immer in der geistigen, »überirdischen« Mitte verankert zu sein und zu bleiben. Es ist auch leichter, sich einer mehr oder minder rigiden Glaubensrichtung anzuschließen, welche persönliches Aufgehobensein vermittelt und einleuchtende Welterklärungen bietet, als für sich selbst ganz allein einzustehen, zu forschen, zu fragen, zu leben. Allerdings werden wir ja eines Tages dieses Körperkleid wieder ausziehen, und das kann uns kein anderer Mensch abnehmen. Also könnte es doch ganz sinnvoll sein, lieber jetzt den »Mut« aufzubringen und sich selbst durch aufrichtige Prüfung der bislang gewonnenen Erkenntnisse und Fähigkeiten infrage zu stellen und der Bequemlichkeit eines fremdbestimmten Lebens zu entraten. Der Weg zu sich selbst ist – obwohl er der direkteste ist – nicht der leichteste Weg. Und gleichzeitig sollen wir uns auch noch um mehr als um uns selbst kümmern? Ich habe nie verstanden, warum viele Menschen einen Gegensatz aufbauen zwischen geistiger Suche und Meditation einerseits und aktiver, positiver Teilnahme am äußeren Leben auf diesem Planeten. Als Fernsehjournalist war ich von 1970 bis 1990 immer »mitten drin« im politischen, sozialen, kulturellen und wirtschaftlichen Geschehen – und habe dennoch meine spirituellen Interessen mit genauso viel Energie weiter verfolgt. Ein gutes Beispiel für diese Einstellung ist Maharaji Rajinder Singh, der Meister des inneren Lichts und Tons, der »Wissenschaft der Seele«. Er ist gebürtiger Inder, hat aber die Hälfte seines jungen Lebens in den USA verbracht. Er war an vorderster Forschungsfront bei der Entwicklung von Hochtechnologiecomputern einer bedeutenden US-Firma tätig und hat sich gleichzeitig als Erforscher der inneren, mystischen Welten vervollkommnet. Er unterweist jetzt nicht nur in der Meditation, sondern unterstützt neben vielen anderen sozialen Anliegen vor allem die Bereitstellung einer soliden Ausbildung für junge Menschen als Fundament, später überhaupt bewußte Entscheidungen über das eigene Leben treffen zu können.

Vielleicht fragen Sie sich, was denn der einzelne dazu tun könne, die Welt zu verändern? Die Probleme scheinen ja auch manchmal überwältigend. Ein wohlbekannter Spruch aus der Sant Mat-Lehre lautet »Ändere dich selbst, das ändert die Welt« und »Reformer werden gebraucht, Reformer von sich selbst, nicht von der Welt.« Die Welt zu verändern fängt tatsächlich damit an, sich selber zu verändern. Wenn wir das Gefühl haben, die Umwelt sei zu faul, zu unorganisiert, zu unordentlich, zu unehrlich, zu aggressiv und so fort, hindert uns keine Macht der Welt daran, selbst fleißiger, effizienter, aufrichtiger und freundlicher zu werden. Nach den geistigen Gesetzen kommt Energie nie abhanden und löst sich keineswegs in »Nichts« auf – also werden alle Impulse Wellen ziehen, wie ein Kiesel, der in einen Teich geworfen wird oder wie ein Ton, der erklingt und lange nachschwingt. Aber wie deren Wirkungen nach und nach »unsichtbarer« werden und deshalb wiederholt werden müssen, so gilt dies auch für unsere Anstrengungen, konstruktiv und schöpferisch an unserem Erdenleben mitzuwirken.

Ein eindrucksvolles Beispiel für den vollen Einsatz aller spirituellen, medialen, intellektuellen und emotionalen

Kräfte, um anderen Menschen auf ihrem Lebensweg zu helfen, bietet auch Brenda Dash aus Chikago. Sie stammt aus Jamaica, hat zwanzig Jahre im Musikgeschäft gearbeitet, unter anderem fünf Jahre als Medienbeauftragte von Stevie Wonder. Schon früh hatte Brenda ihre heilenden Fähigkeiten entdeckt, setzt sie aber erst seit etwa fünf Jahren gezielt ein. Sie hilft Jugendlichen aus New Yorker Ghettos, die von Drogen loskommen wollen (und müssen) und vermittelt Schul- und Arbeitsplätze, berät bedeutende Geschäftsleute und Paare, die Partnerschaftsprobleme haben. Dabei verbindet sie tiefe Gläubigkeit mit großer, unter härtesten Bedingungen erworbenen Lebenserfahrung, und spirituelle Ziele mit hohen medialen Fähigkeiten. Brenda lebt meiner Meinung nach »positive Mystik« auf geradezu inspirierende Weise. Ihr Credo lautet: Such erst deine Seele, fahr dich nicht in Glaubenssystemen fest, lös dich aus Vorurteilen, sei wach und handle vor allem überlegt und richtig. Und das sagt sie nicht etwa den oberen Zehntausend, die sich das »leisten« können, sondern Menschen, die sich in allergrößten Nöten und drastischen Notlagen befinden. Ich bringe gern Beispiele von Menschen, die ich persönlich kenne, um Sie zu ermuntern, Bewußtseinsentwicklung nicht nur als fromme Hoffnung, sondern als gelebte Praxis einschätzen zu können und daraus Impulse zu gewinnen für Ihr eigenes Leben.

Woher soll die Kraft zur positiven Mystik kommen, wenn man zwar den Wunsch nach dieser Art der Lebensführung und Selbstverwirklichung spürt, aber sich zu schwach, zu unvorbereitet zu irgend etwas findet? Sie ahnen meine Antwort: Aus der Mitte! Aus welcher Mitte? Ich habe festgestellt, daß das Augenbrauenzentrum, das sogenannte Dritte Auge, das beste und »sicherste« Kraftzentrum darstellt, um in der Mitte der Seele verankert zu sein und in problematischen Situationen auch zu bleiben. Die völlige Entgrenzung, die vollkommene Transzendenz des Egos und aller Ichhaftigkeit, »funktioniert« zwar auch, ist aber nach meinen Kenntnissen ungleich schwieriger zu »bewerkstelligen«. Positive Mystik läßt sich über die Sammlung am Augenbrauenzentrum, diesem sechsten Hauptchakra im Menschen, sehr unmittelbar erreichen.

Hinweise zur Meditationspraxis für Fortgeschrittene

Es gibt eine schier unübersehbare Fülle von Erfahrungen und Fragen, die dazu auftauchen können. Unabhängig von und zusätzlich zu den Themen, die in den beiden Abschnitten über Schwierigkeiten bei der Meditation und typische Meditationserfahrungen und ihre Bedeutungen angesprochen wurden, möchte ich an dieser Stelle ohne Anspruch auf eine bestimmte Abfolge oder Ordnung weitere Hinweise zur Meditationspraxis geben, die auf persönlichen Erfahrungen und Eindrücken beruhen.

Meditation vor dem Essen

Wir haben uns in der Familie angewöhnt, jedes Essen mit einigen Momenten der Stille, des Gebets, der Meditation zu beginnen. Unser Sohn betet still das Vaterunser, Ingrid und ich sammeln sich am Kraftzentrum des dritten Auges. Mit jedem Ausatmen lasse ich etwas mehr von den Alltagsgedanken in den *Schultern* los und finde dadurch um so »genauer« in das Augenbrauenchakra. Das hilft mir körperlich, psychosomatisch und spirituell. Das delikate Gleichgewicht zwischen Wachheit und Entspannung, das für die Meditation so wichtig ist, muß man im Alltag bei solchen und ähnlichen Gelegenheiten *üben*, um es in der Meditation »parat« zu haben.

Meditation vor und bei der Arbeit

Auch hier hat es sich bei Schreibtischarbeit bewährt, sich im Augenbrauenzentrum (oder im Herzzentrum, wenn Ihnen das lieber ist), kurz zu sammeln, mit oder ohne Atemverbindung Spannungen in *Schultern, Nacken* und *Kopf* loszulassen und sich nach *innen* bzw. *oben* zu öffnen. Nicht, indem Sie etwas Spezielles erbitten oder erwarten – das führt ja zu erneuter Besetzung mit Gedanken und Gefühlen –, sondern indem Sie sich *frei* machen. Diese innerliche »Leere« ist nach meiner Erfahrung eine Grundvoraussetzung dafür, daß geistige Energien aus höheren Ebenen frei durch uns hindurch strömen können. Das »funktioniert« bei mir übrigens auch bei körperlicher Arbeit oder im Sport, beim Tennis zum Beispiel.

Als »Träger« für unsere Sammlung kann bekanntlich der Atem dienen, aber auch ein praktisch beliebiges Mantra. Mit jeder stillen, gedanklichen Wiederholung Ihres Mantras können Sie Spannungen loslassen und besser in die Mitte finden. Dazu »dirigieren« Sie Ihr Mantra in den Körperteil, den Sie entspannen wollen und wiederholen es *dort*! Lassen Sie die

Zellen des Mantra »sprechen« und sich gleichzeitig mit jeder Silbe entspannen. Möglicherweise entsteht dabei subjektiv und/oder objektiv Wärme oder ein Kribbeln in den betreffenden Körperzonen. Das muß Sie nicht beunruhigen, weil es meist eine natürliche Reaktion darstellt von Zellpartien, die bewußt angeregt werden.

Zwei scheinbar gegensätzliche Meditationstechniken, die der einpunktigen Konzentration und die der völligen Entgrenzung, sind nach meiner Erfahrung gleichermaßen sehr geeignet, »schnelle« Bewußtseinserweiterung zu erfahren:

Zur einpunktigen Konzentration führt am direktesten die Sammlung des Bewußtseins am Augenbrauenzentrum. Diese Sammlung führt dazu, daß das Körperbewußtsein überschritten wird und man den Körper teilweise oder ganz »verläßt«. Mehr über diesen Weg im Kapitel »Das sechste Chakra«. Hier möchte ich besonders betonen, daß die Sammlung in einem kleinen Feld, an einem einzigen Punkt – der Mystiker Kabir sprach davon, daß die Größe einem Senfsamen gleichkäme – notwendig ist, um eine Art Quantensprung zu erleben. Wache, losgelöste und in sich ruhende Sammlung in einem Punkt – scheinbar in uns Menschen schwer ganzheitlich zu vereinende Qualitäten – ist ein wichtiger Schlüssel für den Zutritt in das »schwarze Loch« des Quantensprungs über Raum und Zeit hinein in geistige Dimensionen. (Daß der gefahrlose und auf die Dauer weiterführende Eintritt in andere und bislang ja zumeist sehr fremde höhere Bewußtseinsebenen fast immer eines »Ortskundigen« – sprich Lehrers, Führers oder Meisters –, bedarf, ist an anderer Stelle ausführlich besprochen worden. Es sei hier nur zur Erinnerung angemerkt.) Bewußtsein ist *überall* – in den Weiten des Weltraums und im kleinsten Atom.

Der Zugang in spirituelle Reiche, richtiger noch, das Abstreifen der ichhaft geschaffenen Begrenzungen und Einschränkungen und die mysteriöse Metamorphose vom sterblichen Ich zum ewigen Selbst, die Verwandlung vom verängstigten, träumenden und schlafwandelnden Ego zur von Angst unberührten, strahlenden, bewußt seienden Seele, geht immer einher mit der Lösung von Ich-Strukturen. Die Grenzen der Ich-Strukturen durchlässiger, transparenter zu machen, um sie dann entweder zu durchqueren oder sie als Illusion abstreifen zu können, wird durch gegenstandslose Meditation der hier skizzierten Art leichter als durch emotional besetzte gegenständliche Übungen. Stille halten in der kleinstmöglichen Sammlung in einem Punkt oder sich still öffnen für sowohl die große *Leere* wie für die überall vorhandene *Bewußtseinskraft* sind zwei wirksame »Wege«.

Zur »Entgrenzung« des Körperbewußtseins und unserer ichhaften Bewußtseinsgrenzen dient die zweigeteilte Fragemeditation des »Wo bin ich?« und »Wer bin ich?«. Dabei können Empfindungen auftauchen, als ob Sie sich selbst »verlören«. Je nach Temperament, Neigung und bisherigen Übungs- *und* Lebenserfahrungen variiert unsere Bereitschaft – sprich, unser Mut – und unsere Fähigkeit, uns auf das vermeintliche Nichts und Nirgendwo einzulassen. Der »Absturz«, das Gefühl, daß man ins Bodenlose fällt, hat Osho Rajneesh im Buch »Tantra – Die höchste Einsicht« treffend beschrieben (siehe Literaturverzeichnis). Schwindel, Übelkeit, Angst, von etwas Unbekanntem »verschluckt« zu werden, der Verlust von

Kontrolle – das sind persönliche Realitäten, welche die Führung durch einen Kundigen und vielleicht auch anfänglich den Schutz durch eine Mysterienschule nahelegen.

»Im Anfang spürt der Yogi, wie sein Geist abstürzt wie ein Wasserfall; dann, auf halbem Wege, strömt er dahin, langsam und sacht wie der Ganges. Am Ende ist er ein großes unendliches Meer, wo das Licht von Sohn und Mutter in eins verschmelzen.« (Tilopa, zitiert nach Osho Rajneesh, »Tantra – Die höchste Einsicht«).

Leben im Hier und Jetzt ist ein weiterer wesentlicher Schlüssel für meditatives Bewußtsein. »Das ist das allerwichtigste im Tantra: daß du schon vollendet bist. Keine andere Religion geht von dieser Voraussetzung aus. Sie alle sagen, daß du es erst erreichen mußt, sie sagen, daß du dich aufmachen mußt, daß du kämpfen mußt, daß du vieles unternehmen mußt und der Weg steil ist, und daß nur ganz, ganz selten jemand ans Ziel gelangt, weil es so entfernt ist; Millionen von Leben muß man sich abquälen, vorher kommt man nicht an. Vollendung will verdient sein. Und Tantra zufolge ist genau das der Grund, warum du nicht ans Ziel gelangst; denn es gibt gar nichts zu erreichen, du brauchst bloß einzusehen, daß du schon am Ziel bist. Tantra bietet dir Erleuchtung sofort – hier und jetzt – ohne Zeitaufwand und Aufschub.« Auch das ein Zitat aus dem oben erwähnten Buch. Osho Rajneesh zitiert im selben Abschnitt noch einmal den Meister Tilopa: »... Gib alles Tun und alles Wünschen auf, laß die Gedanken steigen und verebben, wie Meereswellen. Wer die Vergänglichkeit niemals vergißt, noch das Prinzip der Urteilslosigkeit, der richtet sich nach Tantrischem Gebot.« Die humorvolle Nachbemerkung des Tantrikers Osho Rajneesh möchte ich Ihnen nicht vorenthalten: »Sehr, sehr einfach. Aber ihr seid zu kompliziert, zu verwirrt im Innern; eigentlich ist alles sehr, sehr einfach.«

Angelus Silesius drückte es in der Verssammlung des »Cherubinischen Wandersmann« (siehe Literaturverzeichnis) so aus: »Wir beten: ›es gescheh, mein Herr und Gott, dein Wille!‹ Und sieh, er hat nicht Will', er ist ein' ew'ge Stille.«

Wir kommen damit an das Ende des Sagbaren. Das Tao, das benannt werden kann, ist nicht das Tao. Die beiden folgenden Kurzübungen sind so etwas wie ein Resumé. Sie eignen sich, wenn Sie nach eingehender Lektüre und vielerlei verschiedenen Übungsansätzen, einfache und klare Bewußtseinsübungen in Ihren Alltag hineinnehmen möchten, ohne irgendeinen weltanschaulichen oder emotionalen »Überbau«.

Übung:

Eine Minute zur Erdung

▷ Dauer: fünf ruhige Atemzüge.

▷ Der Sinn der Übung besteht darin, sich gezielt und rasch zu erden, wenn man den Boden unter den Füßen zu verlieren meint, wenn man sehr aufgeregt oder sonstwie »außer sich« ist. Die Übung dauert, wenn man einmal den Ablauf kennt, wirklich nicht länger als eine Minute.

▷ Sie können die Übung im Sitzen, Liegen, Stehen oder Gehen ausführen. Lockern Sie zu enge Kleidung, und schließen Sie die Augen.

▷ Atmen Sie einmal ruhig und tief ein und dann wieder ruhig und tief aus.

▷ Mit dem nächsten Luftzug atmen Sie hinein in den Bauchraum, etwas unterhalb des Bauchnabels, den sogenannten Hara, die »Erdmitte« des Menschen. Mit dem Ausatmen lassen Sie sich, mit all Ihren Gedanken und Gefühlen, mit dem Körper und seinen Lasten, in diesen Bereich im unteren Bauchraum »hineinfallen«. Sie lassen sich dort nieder, wenn Sie dabei im Sitzen oder Stehen etwas in sich »versakken«, ist das ein gutes Zeichen.

▷ Mit dem dritten Atemzug spüren Sie hinein in die Erde, auf der Sie stehen oder liegen oder sitzen – durch Kleidung, Möbel, Hausboden und so fort hindurch spüren Sie hinein in die Erde, die alles trägt – beim Einatmen öffnen Sie sich für das Spüren der Erde, beim Ausatmen lassen Sie alle Ihre Energien und Belastungen über die Füße (im Liegen über den Rücken) *in* die Erde hineinströmen.

▷ Mit dem vierten Einatmen lassen Sie Ihr Bewußtsein noch tiefer in die Erde eindringen – ohne irgendwelche Vorstellungen, mit dem Ausatmen lassen Sie alle Gedanken los.

▷ Mit dem fünften Atemzug nehmen Sie die stille Kraft der Erde in Ihren Bauchraum auf. Beim Einatmen ziehen oder saugen Sie ruhig und langsam Kraft aus der Erde in den unteren Bauchraum ein – oder lassen Sie einströmen – und atmen so weit und tief ein, daß jetzt auch Ihr Brustraum ganz bewußt gehoben und geweitet wird, mit dem Ausatmen lassen Sie die ruhige Kraft der Erde in alle Ihre Zellen weiterströmen und dort gespeichert werden.

▷ Wenn Sie die Wirkung dieser Übung »überprüfen« möchten, schlage ich Ihnen drei Möglichkeiten dazu vor: Schauen Sie vorher und nachher in den Spiegel und überzeugen Sie sich selbst, ob sich etwas verändert hat. Bevor Sie eine wichtige Entscheidung treffen oder eine Begegnung in einer für Sie schwierigen Angelegenheit oder mit einem schwierigen Menschen haben, nehmen Sie sich diese eine Minute Zeit. Stellen Sie fest, ob Sie nachher ruhiger, gelassener und wacher sind oder nicht. Der dritte Vorschlag bezieht sich auf Ihre Partnerschaft bzw. Ihr Liebesleben. Wenn Sie dem anderen Menschen gegenüber sicher und gleichzeitig aufrichtig sich selbst öffnen wollen – sei es im Gespräch, in der zärtlichen Umarmung oder bei einem gemeinsamen Vorhaben – führen Sie zu Beginn und dann immer wieder, vielleicht alle 10–15 Minuten, diese 1-Minuten-Erdung durch. Am besten gemeinsam! Prüfen Sie, ob Sie damit sicherer werden, überholte Ich-Muster und »Ego-Masken« zu erkennen und aufzugeben.

Übung:

Drei Minuten zur Mitte

▷ Dauer etwa 15–18 Atemzüge.

▷ Der Sinn der Übung ist es, im Alltag immer wieder rasch und einfach zur geistigen, spirituellen Mitte zurückzufinden und zunehmend mehr aus der unerschöpflichen inneren Kraftquelle des Lebens zu leben und zu wirken.

▷ Die Übung wird am besten im bequemen Sitzen oder im wachen Liegen durchgeführt. Schütteln Sie sich vor dem Hinsetzen oder Hinlegen ordentlich aus, als ob Sie Staub abschütteln. Das Schütteln dient der Lockerung des Körpers und ist eine weitere Vorbereitung und Hilfe zur Tiefenentspannung. Die Kleidung sollte gelockert sein, schließen Sie die Augen. Der Atemrhythmus hat bei dieser Übung keine Bedeutung. Sie können den Atem also je nach Vorliebe vergessen oder als zusätzliche Hilfe benutzen.

▷ Bleiben Sie etwa eine Minute ruhig, entspannt und gelassen sitzen oder liegen. Tun Sie gar nichts. Denken Sie an nichts Besonderes, erwarten Sie nichts, aber unterdrücken Sie auch keine eventuell auftauchenden Gemütsbewegungen.

▷ Halten Sie dann etwa eine Minute lang den Satz oder das Mantra »Zur Mitte« in Ihrem Bewußtsein. Wenn Sie daran gewöhnt sind zu beten, benutzen Sie dies als Gebet. Wenn Sie Fragen an Ihr »höheres Selbst« oder Ihren »Emotionalkörper«, an einen lebenden oder einen aufgestiegenen »Geistführer« richten, so tun Sie dies mit dieser Frage oder dieser Ausrichtung auch. Stimmen Sie Ihr Bewußtsein ein auf die Orientierung »Zur Mitte« – »Zur Mitte« – »Zur Mitte« – »Zur Mitte« ...

▷ Halten Sie die letzte Minute wieder nur einfach still, wie am Anfang, und spüren Sie nur – »Mitte« – »Mitte« – »Mitte«. Es kann durchaus möglich sein und ist genauso »richtig«, daß Sie beobachten bzw. erleben, daß Ihre »Mitte« kein Platz, kein bestimmter Ort im oder außerhalb des Körpers ist, sondern ein »Gefühl« des Überall- und Nirgendwo-Seins, ein Gespür, daß Ihr Bewußtsein Stille und Frieden ist, ohne sich an irgendwelchen Körperzonen, Gefühlswellen oder Gedankenstrukturen festzuhalten und dort sozusagen zu kristallisieren, sich zu manifestieren. »*Mitte*« ist dort, wo wir wir *selbst* sind und keine Notwendigkeit mehr empfinden, unser bewußtes Sein zu beschreiben, zu hinterfragen, auf bestimmte Tätigkeiten anzuwenden oder an speziellen Fähigkeiten zu messen.

Anneliese Harf erzählte immer gern die Geschichte von einem Manager, der zu Graf Dürckheim in den Schwarzwald reiste, um sich von ihm unterweisen zu lassen. Alle Vorschläge zur Meditation, zur Bewußtseinsentwicklung, zur Reifung an bestimmten Übungen lehnte dieser Manager mit dem Hinweis auf seine knappe Zeit, auf zu geringe Erfahrung mit Spiritualität und aus anderen Gründen ab. Graf Dürckheim fragte ihn schließlich: »Aber Sie können doch wohl zumindest einige Minuten auf einem Stuhl sitzen, oder nicht?« Der Manager konnte schlecht nein sagen. Also wies Graf Dürckheim ihn an, jeden Tag nach dem Frühstück und vor seiner Arbeit 3 Minuten auf einem Stuhl zu sitzen und sonst nichts zu tun. Nach ein oder zwei Jahren kam dieser Manager zurück in den Schwarzwald als ein vollkommen verwandelter Mensch. Selbst drei Minuten nur Sitzen, ohne jede weitere Übungsanleitung, vermag Menschen grundlegend zu verwandeln, weil sich auch dann tiefgreifende Bewußtseinsprozesse abspielen können, wenn wir keine spezifischen Anweisungen befolgen – und uns »nur« dem Stille halten öffnen.

IV.
Leben in Licht und Liebe

Das sechste Chakra

Ich muß Sie mit drei Sätzen auf diesen Abschnitt vorbereiten: Die jetzt folgenden Erläuterungen kommen für manche Leser vielleicht etwas unvermittelt, weil der Platz nicht reicht, im Detail die Zusammenhänge aufzuzeigen. So wirkt das eine oder andere möglicherweise sehr esoterisch oder gar apodiktisch – fassen Sie den Abschnitt bitte einfach als ein zusätzliches Informationsangebot auf. Einige Menschen unter Ihnen werden sich sehr direkt angesprochen fühlen und spüren oder blitzartig wissen, daß dies für Sie eine seelisch notwendige Information bedeutet.

Im Menschen wirken zwei Kraftströme. Einer ist auch als Prana, Orgon oder »motorischer« Lebensstrom bekannt. Er dient der Aufrechterhaltung der körperlichen und psychosomatischen Funktionen im physischen, astralen und kausalen Körper. Jeder Mensch besitzt mehrere Körper, von denen nur der dichteste, der physische, für die irdischen Augen sichtbar ist. Die beiden anderen Körper, der astrale und der kausale, sind »Energiekörper«. Der sogenannte Emotionalkörper stellt eine Art Brücke zwischen dem physischen und dem astralen Körper dar. Ohne den motorischen Lebensstrom ist kein körperliches Leben möglich. Für unsere Gesundheit im weitesten Sinne ist eine natürliche, harmonische Funktionsfähigkeit dieses Lebens- oder Pranastroms ohne Eingriffe am günstigsten.

Der zweite Kraftstrom wird unter anderem »Surat«, die Aufmerksamkeit oder die Wahrnehmungsfähigkeit der Seele oder auch »sensorischer« Lebensstrom genannt. Er stellt unsere Bewußtseinskraft dar, die sich zum Beispiel im »Tat vam asi« – »Du bist das«, im »Ich bin« oder in der Unsterblichkeit der Seele oder des Selbst ausdrückt, bzw. diese *ist*! Wir können lernen diesen Strom bewußt zu lenken. Die Erkenntnis, dieser Bewußtseinsstrom zu *sein*, bewirkt nach Aussage zahlreicher Lehren die »Erleuchtung«, den »Samadhi«, die »unio mystica« – also die »Entrückung« aus der Ichhaftigkeit in das Allbewußtsein.

Das Zentrum des dritten Auges bzw. das Augenbrauenchakra ist das sechste Hauptchakra im Menschen. Die anderen fünf – Basiszentrum als »Heimatort« der Prana-Lebenskraft, Sakralzentrum als Ort der schöpferischen Kraft, Nabelzentrum als Ort der Ich-Kraft, Herzzentrum als Ort der überpersönlichen Liebe, Kehlkopfzentrum als Ort der Ausdruckskraft – werden direkt bzw. indirekt vom motorischen Lebensstrom gesteuert. Diese Zentren werden bisweilen in der Absicht speziell stimuliert, um bestimmte übernatürliche Kräfte auszubilden.

Das sechste Zentrum ist der »Heimatort« der Seele bzw. des sensorischen Lebensstroms, der sich von hier aus entweder auf die äußere Schöpfung lenken läßt, oder zur inneren Quelle der Schöpfung. Wenn sich die Bewußtseinskraft der Seele, die sich auch in der äußeren und inneren Wahrnehmungsfähigkeit des Menschen ausdrückt, zur äußeren Schöpfung mit ihren Myriaden an Formen und Erscheinungen wendet, so wirkt sie feinstofflich über die fünf zuvor genannten Chakren, über unser Gemüt, über Gefühl und Verstand und natürlich über unsere körperlichen Sinne. Dabei »zerstreut« sich unsere Wahrnehmungsfähigkeit, und damit »verlieren«

wir das Bewußtsein unserer Identität als geistiges Wesen. Die Aufmerksamkeit unserer Seele wird von den Phänomenen der Welt so »gefangen« genommen, daß sie ihr eigenes, unbegrenztes Sein »vergißt«. Durch die Innenschau, durch das Zurückziehen der Aufmerksamkeit der Seele am »Augenbrennpunkt« hinter den Augenbrauen, durch diese Art der »Re-ligion«, also »Rück-Verbindung«, gewinnen wir den Heimatort des sensorischen Lebensstroms als Ruhepol und Ankerplatz zurück. Von dort aus können wir unsere Bewußtheit auf die inneren Welten richten, um durch sie hindurch zu »gehen« und die Quelle unseres Seins zu finden.

Die Funktion des sechsten Chakras liegt also im wesentlichen darin, daß

- dies der stille Ausgangspunkt für unsere Seele ist, die von hier aus sich nach außen oder nach innen wenden kann;
- wir dieses Zentrum immer wieder als »Aussichtsturm« aufsuchen können, wenn wir sonst im Dschungel des Alltagslebens die Übersicht über Weg und Ziel unseres Lebens verlieren;
- wir von hier aus bewußt und damit ruhig, entspannt, sicher, harmonisch, beschützt, mit Gleichmut und in Verbindung zu einem unendlichen Reservoir an überpersönlicher Lebenskraft die Aufgaben unseres Körperlebens bewältigen, Freude und Glück intensiv erleben und Kummer, Not und Leid in der rechten Weise tragen können;
- schließlich dieses Zentrum der beste Startpunkt für die Reise nach innen ist, um direkt und unmittelbar in Kontakt mit dem zum Ursprung ziehenden inneren Licht und Ton zu gelangen.

Damit ist das sechste Chakra eine wichtige Mitte, aus der Lebenskraft erwächst. Warum eine? Kann es mehr als eine Mitte geben? Nach meiner Erfahrung ja, je nachdem, um welche Bewußtseinsebene es sich handelt. Wenn es also um höchste Seelenebenen geht, dann ist das sechste Chakra der Ausgangspunkt für den »Flug« der Seele. Von diesem sechsten Kraftzentrum aus können wir auch unseren Körper am Lebensende verlassen. Das sogenannte Kronenchakra oder Scheitelzentrum, manchmal auch »Tausendblättriger Lotos« genannt, ist übrigens kein eigenes *Funktions*zentrum, sondern bereits eine erste Widerspiegelung innerer bzw. astraler Bewußtseinsebenen.

Die Meditation mit dem inneren Licht und Ton wird im nächsten Abschnitt beschrieben, soweit dies im Rahmen eines Buches überhaupt geschehen kann. Die obenstehenden Erläuterungen beruhen sowohl auf langjähriger eigener Erfahrung wie auf Lehren verschiedener Meditationswege und auf einem ausführlichen Gespräch, das ich während der Arbeit am Buch mit Maharaji Rajinder Singh über dieses Thema führte. (Das gesamte Gespräch ist im Video-Programm des Bauer Verlages Freiburg unter dem Titel »Das sechste Chakra: Der Ort der Kraft« und im Fischer Verlag Münsingen-Schweiz in gekürzter Fassung im Buch »Kraftorte – Lebenskräfte« erschienen; siehe Literaturverzeichnis und Anhang.)

Meditation mit dem inneren Licht und Ton

Das äußere Licht, das uns umgibt, ist ein materielles Licht, es wirft Schatten. Kerzenlicht wirft Schatten, elektrisches Licht, auch Sonnenlicht. Und das äußere Licht verlöscht, früher oder später. Inneres Licht wirft keinen Schatten, geistiges Licht ist dem Gesetz der Dualität und der Polarität nicht unterworfen. Es scheint immer. Äußere Klänge verhallen und müssen immer wieder aufs neue erzeugt werden. Der innere Tonstrom versiegt nie.

Licht und Ton sind die ersten konkreten Ausdrucksformen der gegenstandslosen, numinosen Urkraft des Allbewußtseins. Im Verhältnis zur Entfernung von ihrem Ursprung, werden Licht und Ton immer dichter und materieller. Zwei Kraftströme werden unterschieden: einer, der aus der Urkraft des Allbewußtseins in die Vielfalt der Schöpfung fließt und diese bewirkt und jener, der aus den Myriaden der Erscheinungsformen wieder zurück zum Ursprung führt. Dabei wird die Aufmerksamkeit der Seele an jenes Licht und jenen Klang geheftet, der die Seele in ihre Heimat zurückzieht. Lichter und Klänge werden immer intensiver, machtvoller und transparenter, je mehr man auf diesem Weg zu sich selbst findet und desto mehr Schleier der Ich-Verhaftung fallen.

Ein kundiger Mensch, der die Wirkungsweise und Wegmarken beider Kraftströme kennt und selbst den Weg zurück zur Quelle willentlich jederzeit beschreiten kann, kann auch uns über diesen Weg berichten und uns möglicherweise helfen, ihn selbst zu beschreiten. Von der All-Liebe bewegt, die aus dem All-Einheitsbewußtsein erwächst, wird ein solcher

Mensch sein physisches Leben darauf verwenden, anderen Menschen, die dies möchten, dabei zu helfen, diesen Weg mit seinen äußeren und inneren Herausforderungen erfolgreich zu Ende zu gehen.

In den Büchern über Sant Mat findet man Beschreibungen der inneren Wunderwelten in Fülle. Es ist darin von Hierarchien geistiger Dimensionen die Rede, von unbeschreiblichen Glücksempfindungen und Gnadenerweisen durch göttliche Kräfte. Diese Meditationsmethode lehrt unter anderem, während des körperlichen Lebens zu lernen, den Körper ganz oder teilweise zu verlassen und Kenntnisse höherer Welten zu erwerben. Dabei steht der Meditationsmeister sowohl außen wie innen als Helfer, Freund und »Reisebegleiter« zur Seite. Das ist auf der inneren Reise noch wichtiger als außen, weil wir ja im Regelfall keinerlei oder nur geringe Vorkenntnisse von den Verlockungen und Gefahren besitzen. Wir befinden uns in bezug auf die meisten Dimensionen im Stande von Kleinkindern, die auch nicht wissen, welche hilfreichen oder gefährlichen Wirkungen es zeitigt, wenn sie das eine oder andere Haushaltsgerät allein einschalten oder sich auf Bummeltour in die Straßen einer Großstadt begeben. Äußeres Licht und Ton als Symbole der inneren Kräfte finden wir in praktisch allen Religionen – in Form von Kerzen, Fackeln, Feuern, Mosaikfenstern zum Sonnenlicht hin, und in Form von Glocken, Trommeln, Muschelhörnern usf. In von Menschenhand gebauten Tempeln als Orten der Kraft, der Besinnung und der Verbindung zu einem höheren Bewußtsein, zu Gott, versammeln wir uns und beten, singen oder versenken uns. Der menschliche Körper ist das Vorbild für die Kirchen. Unser Körper ist der wahre Tempel Gottes, in dem wir die sehr praktische Verbindung zum Allbewußtsein aufnehmen können, indem wir uns mit dem inneren Licht und Ton, die zum Ursprung zurückführen, verbinden bzw. verbinden lassen.

Unter vielen anderen Hunderttausenden wurde mir dieser Weg gezeigt. Der mir bekannte heutige Meister dieses Wegs ist Maharaji Rajinder Singh, der Suchende in diese Meditation einweist. Ich bin noch nicht an das Ende dieses Wegs gelangt, kann also keinesfalls letztgültige Vergleiche zu anderen Wegen ziehen.

Solange wir in unserem physischen Gewande auf der Erde leben, erklingt in unserem Körpertempel der innere Klang und scheint das innere Licht. Wir können beide wahrnehmen – ohne jede Einbildung, Vorstellung, Visualisierung, Projektion und dergleichen mehr! – mit unseren inneren Sinnen der Seele.

Die »Musik der Sphären«, von der Pythagoras sprach, ist verblüffender, erhebender und beseligender als alle Weltwunder zusammengenommen. Dazu gibt es eine hübsche Geschichte aus dem Orient: Ein weiser König und bedeutender Herrscher veranstaltete ein großes Fest, zu dem er alle seine Untertanen einlud. Auf dem riesigen Festplatz ließ er die schönsten Schätze aus seinem ganzen Land ausstellen – Juwelen, Goldschmuck, feinstes Handwerksgerät und Kunstwerke, aber auch edle Pferde und Kutschen, kurz, er öffnete die Schatzkammern seines Reichs. Dann ließ er verkünden, daß von Sonnenaufgang bis Sonnenuntergang jeder seiner Untertanen diese Ausstellung nicht nur besuchen, sondern sich ein Stück als Geschenk auch mit nach Hause nehmen durfte. Die Begeisterung läßt sich ahnen, ein buntes, aufgeregtes Treiben setzte ein. Als die Sonne sich langsam gen Abend neigte, bemerkte der König von seinem Thron in der Mitte des Festplatzes, daß eine junge Frau, die er schon seit früh morgens herumgehen gesehen hatte, immer noch wie unschlüssig hin und her ging. Er trug einem seiner Bediensteten auf, ihr sagen zu lassen, daß sie sich jetzt entscheiden müsse, weil die Ausstellung bald schlösse. Sie fragte zurück, ob sie sich wirklich unter *allen* auf dem Platz ausgestellten Schätzen einen aussuchen dürfe. Der König ließ ihr ausrichten, daß ja das genau sein Anliegen gewesen war, und sie jetzt nicht mehr länger zögern möge. Daraufhin ging die junge Frau frohen Herzens und leichten Schrittes zum Thron, erhob ihre linke Hand, legte sie dem König auf den Kopf und sagte: »O König, deine Schätze sind wahrlich von großer Schönheit, und dein Großmut ist voller Herrlichkeit. Ich möchte aber nur dich. Wie könnte ich etwas Geringeres haben wollen als jenen, der dies alles hier hat schaffen lassen.« Der König war bewegt von der Wahrheit dieser Worte und antwortete: »Du hast recht gewählt – denn nun, da du mich hast, hast du auch alles, was mir zu eigen ist.«

Wenn wir die Seele »haben« – also bewußt Seele sind –, dann stehen uns auch alle Wunderwelten des Kosmos offen. Und wenn wir Gott »haben«?

Informationen über Licht- und Tonmeditationen siehe S. 249.

Wenn das ganze Leben zur Meditation wird

Meister Eckehart spricht in einer Predigt über die Armen im Geiste in der Sprache eines christlichen Mystikers über das oben angesprochene Thema der Wendung zur Außenwelt und der Wendung zur Innenwelt. Er sagt dort: »Ein großer Meister sagt, daß sein Durchbrechen edler sei als sein Ausfließen, und das ist wahr. Als ich aus Gott floß, da sprachen alle Dinge: Gott ist. Dies aber kann mich nicht selig machen, denn hierbei erkenne ich mich als Kreatur. In dem Durchbrechen aber, wo ich ledig stehe meines eigenen Willens und des Willens Gottes und aller seiner Werke und Gottes selber, da bin ich über allen Kreaturen und bin weder Gott noch Kreatur, bin vielmehr, was ich war und was ich bleiben werde jetzt und immerdar.« Dieses Zitat aus *»Deutsche Predigten und Traktate«* (siehe Literaturverzeichnis) bildet für mich eine Quintessenz des Lebens aus der Mitte.

Die tragfähigste, dauerhafteste und wirkungsvollste Lebenskraft erwächst eigenartigerweise aus etwas völlig Unbegreifbarem, völlig Unmeßbarem, völlig Unmateriellem – aus einem *meditativen Sein*. Dieses meditative Sein wird gekennzeichnet durch Nicht-Wollen und dennoch Wirken – durch absichtslose Bewußtheit der Allkraft und der aus ihr ausfließenden Einzelkräfte, durch entspannte Anteilnahme und vorurteilslose Öffnung für menschlich-irdisches Leben, durch ganzheitliches Sein im ewigen Hier und Jetzt. Meister Eckehart schließt die oben erwähnte Predigt mit den Worten: »Daß wir so leben mögen, daß wir es ewig erfahren, dazu helfe uns Gott. Amen.«

Suchen wir die Mitte und bleiben wir in der Mitte – in der Meditation und im Leben. In der Meditation hilft uns das, nicht zu voreilig wunderschöne verlockende Erfahrungen für höchste Ebenen zu halten, sondern statt dessen zum Wesentlichen durchzustoßen. Im Leben hilft das, fröhlicher und gelassener, freundschaftlicher und erfüllter zu leben.

Ich möchte diesen Leitfaden zur Meditationspraxis mit dem wichtigsten Praxishinweis, den ich kenne, in den Worten eines großen zeitgenössischen Mystikers beschließen.

»Oh bitte die Dunkelheit des Verstands
die Torheit der Liebe zu suchen,
Denn diese Torheit ist wie ein Lichtstrahl,
und nichts als nur Licht.«

»O tell the darkness of intellect
to seek the madness of love,
For this madness is a beam of Light,
and nothing but Light.«

Sant Darshan Singh, aus »Eine Träne und ein Stern«

Anhang

Literaturhinweise

(Die mit * gekennzeichneten Titel möchte ich besonders empfehlen)

Cooke, Grace: *Meditation,* White Eagle Liss, England
David-Neel, Alexandra: *Magic and Mystery in Tibet,* Abacus-Sphere, London
Desai, Yogi Shanti: *Meditation Practice Manual,* Shanti Yogi Institute Ocean City, New Jersey
Dürckheim, Karlfried Graf von: *Vom doppelten Ursprung des Menschen**, Herder, Freiburg
Eastcott, Michael J.: *The Silent Path,* Rider, London
Eckehart, Meister: *Vom Wunder der Seele**, Reclam, Stuttgart
Eckehart, Meister: *Deutsche Predigten und Traktate**, Goldmann, München
Flint, John Warren: *Stop the Clock,* de Vross Marina del Rey, California
Fox, Douglas A.: *Meditation and Reality,* Knox Press Atlanta, Georgia
Golas, Thaddeus: *Der Erleuchtung ist es egal, wie du sie erlangst**, Sphinx, Basel
Goleman, Daniel: *The Meditative Mind,* Tarcher, Los Angeles
Griscom, Chris: *Zeit ist eine Illusion**, Goldmann, München
Griscom, Chris: *Die Heilung der Gefühle**, Goldmann, München
Harf, Anneliese: *Bewußter leben lernen**, Herder, Freiburg
Harf, Anneliese: *Yoga – Weg zur Harmonie**, Falken, Niedernhausen

Harp, David: *The Three Minute Meditator,* Mind's I Press, San Francisco

Heiler, Friedrich: *Die Religionen der Menschheit,* Reclam, Stuttgart

Hittleman, Richard: *Guide to Yoga Meditation,* Bantam, New York

Humphrey, Naomi: *Meditation – the Inner Way,* Aquarian Press Wellingborough, England

Johnson, Willard: *Riding The Ox Home,* Beacon Press, Boston, Massachusetts

Keller, Erich: *Duft und Gemüt*,* Fischer, Münsingen, Schweiz

Kempen, Thomas von: *Das Buch von der Nachfolge Christi,* Reclam, Stuttgart

Keyserling, Wilhelmine: *Das unterscheidende Bewußtsein des Unerschöpflichen,* Palme, Wien

Khan, Hazrat Inayat: *Die Welt des Sinnes,* Kommissionsverlag Bollmann, Zürich

Khan, Pir Vilayat: *Der tanzende Derwisch,* Hugendubel, München

Köppen-Weber, Divo: *Du bist der neue Mensch*,* Goldmann, München

Köppen-Weber, Divo: *Das Alta Major-Handbuch*,* Goldmann, München

Kraaz von Rohr, Ingrid S.: *Die neue Weiblichkeit*,* Kösel, München

Kraaz von Rohr, Ingrid S.: *Die Farben deiner Seele*,* Goldmann, München

Kraaz, Ingrid S. und von Rohr, Wulfing: *Die richtige Schwingung heilt*,* Goldmann, München

Lao-Tse: *Tao-Te-King**, verschiedene Ausgaben

Lechner-Knecht, Sigrid: *Die Hüter der Elemente**, Zerling, Berlin

Lechner-Knecht, Sigrid: *Raumzeit*, Zytglogge, Gümlingen, Schweiz

Liä Dsi: *Das wahre Buch vom quellenden Urgrund*, Diederichs, München

Lilly, John C.: *Im Zentrum des Zyklon**, Goldmann, München

Massa, Willi und Johnston, William: *Wagnis der Begegnung*, Butzon & Bercker, Kevelaer

Meserve, Harry C.: *The Practical Meditator*, Human Sciences Press, New York und London

Naranjo, Claudio: *How to be*, Tarcher, Los Angeles

Osho, Rajneesh: *Meditation – The First and Last Freedom*, Rebel, Köln

Osho, Rajneesh: *Tantra – Die höchste Einsicht**, Sannyas, Meinhard

Osho, Rajneesh: *Tao – The Three Treasure*, Rajneesh Foundation, Rajneeshpuram

Radha, Swami Sivananda: *Kundalini Yoga for the West*, Shambala, Boston und London

Radhakrishnan: *Die Gemeinschaft des Geistes**, Holle, Darmstadt, nur noch antiquarisch; ich empfehle jeden anderen Text, den Sie auf deutsch oder englisch erhalten können

Ramakrishna: *Ausgewählte Texte**, Goldmann, München

Ramakrishna Math (Hrsg.): *Paths of Meditation*, Mylapore, Indien

Ramana, Maharshi: *Gespräche des Weisen vom Berge Aru-*

*nachala**, Ansata, Interlaken, Schweiz, und alle weiteren Titel, die Sie von diesem Autor bekommen können
Reiter, Udo (Hrsg.): *Meditation – Wege zum Selbst**, Goldmann, München
Rohr, Wulfing von: *Magisch Reisen Indien**, Goldmann, München
Rohr, Wulfing von (Hrsg.): *Kraftorte – Lebenskräfte,* Fischer, Münsingen, Schweiz
Rosenberg, Alfons (Hrsg.): *Die Meditation des Herzensgebets,* O. W. Barth/Scherz, Bern und München
Sadhu, Mouni: *Meditation,* Wilshire Book, North Hollywood, California
Saint-Exupéry, Antoine de: *Der kleine Prinz,* Rauch, Düsseldorf
Silesius, Angelus: *Der cherubinische Wandersmann,* Reclam, Stuttgart
Shah, Ikbal Ali: *The Spirit of the East,* Dutton, New York
Singh, Darshan: *Spirituelles Erwachen**, Goldmann, München
Singh, Darshan: *Liebe auf Schritt und Tritt**, Fischer, Münsingen, Schweiz
Singh, Huzur: *Spiritual Gems**, Radha Soami Satsang Beas, erhältlich über R. Walberg, Falkenstr. 18, D-6232 Bad Soden/Taunus
Singh, Jaimal: *Spiritual Letters**, Radha Soami, siehe oben
Singh, Kirpal: *Krone des Lebens**, Origo, Bern
Singh, Shiv Dayal: *Sar Bachan**, Radha Soami, siehe oben
Veltheim-Ostrau, Hans-Hasso von: *Der Atem Indiens**, Claassen, Hamburg, nur noch antiquarisch
Vivekananda, Swami: *Raja Yoga**, Bauer, Freiburg/Brsg., und andere Titel, die Sie bekommen können

Wilde, Stuart: *Leben war nie als Kampf gedacht,* Undine, München

Winter, Gayan S. (Hrsg.): *Die neuen Priesterinnen**, Rowohlt, Reinbek

Yogananda, Paramahansa: *Autobiographie eines Yogi,* Scherz, Bern und München

Yogananda, Paramahansa: *Meditation zur Selbstverwirklichung,* Barth/Scherz, Bern und München

Zimmer, Heinrich: *Abenteuer und Fahrten der Seele,* Rascher, Zürich und Stuttgart

Ton- und Videokassetten

Zu diesem Buch sind Tonkassetten mit geführten Meditationen und vertiefender musikalischer Begleitung unter dem Titel *Meditationen – Lebenskraft aus der Mitte* erhältlich. Sie erscheinen im Bauer Verlag, Freiburg, und sind sowohl im Buchhandel wie über das »Prana-Haus« erhältlich. Anfragen, falls Sie diese Kassetten in Ihrer örtlichen Buchhandlung nicht finden sollten, bitte an: Bauer Verlag, Kronenstraße 2, D-7800 Freiburg/Brsg., Tel. 0761-70820.

Zu dem Buch »Die Farben unserer Seele« erscheinen, ebenfalls im Bauer Verlag, Tonkassetten mit Übungsanleitungen, die von Ingrid S. Kraaz von Rohr geleitet werden. Bezug siehe oben.

Im Bauer Video-Programm, das von mir herausgegeben wird, liegt u. a. ein Gespräch mit Rajinder Singh über Meditation, Bedingungen und Probleme, innere Ebenen und ihre Merkmale unter dem Titel *Das sechste Chakra* vor. Es ist ebenfalls im Buchhandel oder direkt beim Bauer Verlag erhältlich. Dieses Video empfehle ich jedem, der an geistig-spiritueller Entwicklung und Meditation interessiert ist, wärmstens! Es gibt keine kenntnisreichere Einführung in die Grundlagen der Meditation als dieses Gespräch mit einem wirklichen Mystiker, der zugleich westlich orientierter Wissenschaftler ist.

Videos gibt es auch zu den Themen *Die richtige Farbe heilt,* von und mit Ingrid S. Kraaz von Rohr, sowie zu dem Thema *Kreatives und mediales Tarot* mit Gayan S. Winter und mir. Das Tarot-Video geht auch auf den meditativen Umgang mit den Archetypen der 22 großen Arkanen ein. Beide sind gleichfalls über den Buchhandel bzw. beim Bauer Verlag zu beziehen.

Seminare

Ab und zu veranstalte ich selbst Meditationsseminare und andere Kurse im Rahmen der Spirituellen Privat-Akademie im deutschsprachigen Raum, aber auch in Santa Fe, New Mexico. Ingrid S. Kraaz von Rohr leitet Seminare mit Heilmeditationen u. a. zu dem Thema *Die richtige Schwingung heilt,* Kurse zu *Die Farben deiner Seele,* Meditationen speziell für Frauen unter dem Motto *Die neue Weiblichkeit* sowie spezielle Aus- und Fortbildungskurse für Heilkundige – ebenfalls sowohl im deutschsprachigen Raum wie in Santa Fe.

Wenn Sie Interesse an Programmen haben, wenden Sie sich bitte an:
Deutschland: Wrage Seminare Hamburg, Schlüterstraße 4, D-2000 Hamburg 13, Tel. 040-455240. Schweiz: Integra Seminare, Marlyse Keller, Postfach 7447, CH-6000 Luzern 7, Tel. 0041-41-456091 oder an meine Adresse in den USA: Wulfing von Rohr, SPA – Spirituelle Privat-Akademie, 1310 Cibola Circle, Santa Fe, NM 87501, U.S.A., Tel. 001-505-988-3677.

Informationen über Licht- und Tonmeditationen:
Helga Kammerl, Jägerberg, D-W-8137 Berg 2,
Tel. (08151) 51891
Angela Seiler, Tödistr. 20, CH-8002 Zürich,
Tel. (01) 2722372
G.+H. Wasenegger, Mautner Markhofgasse 13–15/V/3,
A-1110 Wien.

Autor

Wulfing von Rohr ist Fachbuchautor, Fernsehjournalist und Seminarleiter. Er war Mitglied des Vorstands des Berufsverbands Deutscher Yogalehrer und schreibt für eine Reihe von Zeitschriften über kulturelle, wissenschaftliche und soziale Themen vor spirituellem Hintergrund. Zwölf Mal hat er Indien, die Heimat der Meditation, besucht. Seit 1975 besitzt er eigene Erfahrungen auf dem Gebiet der Meditation und der Wirkungen verschiedener Meditationsformen. Er verbindet ein tiefes Verständnis für spirituelle Zusammenhänge mit einer an Beispielen reichen Sprache und der Gabe, auch komplexere Sachverhalte eingängig und allgemein verständlich darzustellen. Wulfing von Rohr ist im Goldmann Verlag als wichtiger Koautor von Chris Griscom, Ingrid S. Kraaz und Divo Köppen-Weber hervorgetreten. Im Goldmann Verlag erscheint in der Reihe »Magisch Reisen« sein Buch »Indien – Geburtsland von Mystik, Magie und Meditation«. Der Autor ist zugleich der Herausgeber dieser Reihe.

Lindsay River/Sally Gillespie

Zeitknoten

Astrologie und weibliches Wissen

Haben Frauen die Astrologie erfunden? In wunderschöner, poetischer Sprache verfechten die beiden Autorinnen, beide Astrologinnen mit humanistischer-ganzheitlicher Heilerinnenerfahrung, ihre provozierende These, die den »Blick zu den Sternen« von einer ganz neuen, aufregenden Perspektive aus gestattet.

»Zeitknoten« leuchtet die weiblichen Spuren in einer der ältesten Wissenschaften der Menschheit aus und weist neue Wege zu weiblicher Kreativität und Tiefe. Die Autorinnen beanspruchen leidenschaftlich für sich selbst und für uns alle – Frauen wie Männer – ein lange verloren geglaubtes Erbe überlieferter historischer und mythologischer Wahrheiten und transformieren die tradierten Interpretationen des Tierkreiszeichens, der Planeten und Elemente. »Zeitknoten« ist aber weit mehr als eine fesselnde Spurensuche: Mit der Hilfe übersichtlicher Diagramme und klarer Beschreibungen kann jede/jeder sofort mit der praktischen Arbeit am persönlichen Horoskop beginnen und sich mutig an die individuelle Eigendeutung wagen. Weit entfernt davon, einer fixierten, eingeengten Astrologieauffassung das Wort zu reden, bietet »Zeitknoten« vielmehr die lebendige Chance, bewußt und kreativ zwischen den verschiedenen Möglichkeiten der eigenen Schicksalsentscheidung zu wählen.

Ein fundiertes Nachschlagewerk, das für Kenner der Materie Astrologie, Mythologie und Kreativität genuin verknüpft.

Ein Paperback im Goldmann Verlag
Deutsche Erstausgabe
ISBN 3-442-12119-1